Pluspunkt Deutsch

1a

Kursbuch

Cornelsen

Pluspunkt Deutsch 1a

Kursbuch
Der Integrationskurs
Deutsch als Zweitsprache

Im Auftrag des Verlages erarbeitet von
Georg Krüger und Matthias Merkelbach

Phonetikübungen: Dr. Friederike Jin

In Zusammenarbeit mit der Redaktion:
Andrea Finster und Dagmar Garve (verantwortliche Redakteurinnen)
Dr. Gunther Weimann (Projektleitung)

Beratende Mitwirkung: Dr. Angela Fitz (VHS Oldenburg),
Dr. Friederike Jin (Goethe-Institut, Frankfurt),
Andreas Klepp (VHS Braunschweig),
Dr. Joachim Schote (VHS Freiburg)

Illustrationen: Laurent Lalo
Umschlaggestaltung und Layoutkonzept: Katrin Nehm
Layout und Technische Umsetzung: Satzinform, Berlin
Umschlagfotos: Reichstagskuppel in Berlin,
© Presse- und Informationsamt des Landes Berlin / W. Gerling
Personenfotos © Thomas Schulz

Weitere Kursmaterialien: Arbeitsbuch 1a (209296), Audio-CD 1a (209318)
Handreichungen für den Unterricht 1 (209245)

 http://www.cornelsen.de

1. Auflage   Druck 5 4 3 2   Jahr 07 06 05 04

Alle Drucke dieser Auflage sind inhaltlich unverändert
und können im Unterricht nebeneinander verwendet werden.

Druck: CS-Druck CornelsenStürtz, Berlin

ISBN 3-464-20927-X

Bestellnummer 209270

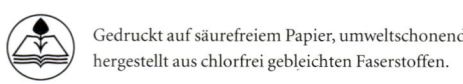 Gedruckt auf säurefreiem Papier, umweltschonend
hergestellt aus chlorfrei gebleichten Faserstoffen.

Pluspunkt Deutsch auf einen Blick

Pluspunkt Deutsch 1a ist der erste Teilband des insgesamt dreibändigen Deutschlehrwerks, das speziell auf die Bedürfnisse und Erwartungen von Zugewanderten in Integrationskursen zugeschnitten ist. Die Teilbände **Pluspunkt Deutsch 1a** und **1b** führen zur Niveaustufe A1 des Gemeinsamen Europäischen Referenzrahmens.

Das **Kursbuch Pluspunkt Deutsch 1a** enthält sechs Lektionen, zwei fakultative Abschnitte *Pluspunkt Extra* sowie einen Anhang.
Der Lernstoff der *Lektionen* ist unterteilt in thematische Blöcke. Diese enthalten abwechslungsreiche Texte, Dialoge und Übungen sowie Infokästen mit Übersichten über die eingeführte Grammatik und Lerntipps.
In den Lektionen stehen Themen des alltäglichen Lebens und ihrer sprachlichen Bewältigung im Vordergrund. Das kommunikative, thematische und grammatische Curriculum des Lehrwerks orientiert sich am Gemeinsamen Europäischen Referenzrahmen, wobei der Lernstoff Schritt für Schritt und praxisnah eingeführt wird. Um die Sprachhandlungsfähigkeit der Lernenden kontinuierlich zu entwickeln, werden die Grundfertigkeiten Sprechen, Hörverstehen, Leseverstehen und Schreiben systematisch trainiert.
Die beiden Seiten *Alles klar?* am Schluss jeder Lektion können als kleine „Zwischenkontrolle" angesehen werden und bieten die Möglichkeit, den Lernstoff einer Lektion zu festigen.

Die *Pluspunkt Extra*-Seiten nach Lektion 3 und 6 bieten zusätzliche Materialien an, mit denen der Lernstoff der vorangegangenen Lektionen spielerisch wiederholt werden kann. Darüber hinaus werden hier Vorschläge für Projektarbeit – auch außerhalb des Klassenraums – gemacht.

Der *Anhang* von **Pluspunkt Deutsch 1a** umfasst
– Phonetikübungen zur Schulung der Aussprache und Intonation – die Übungen sind den einzelnen Lektionen zugeordnet,
– eine Zusammenfassung der Grammatik Lektion für Lektion,
– eine alphabetische Wortliste mit den jeweiligen Fundstellen im Buch und
– die Hörtexte, die nicht in den Lektionen abgedruckt sind.

Das **Arbeitsbuch** unterstützt die Arbeit mit dem Kursbuch. Die Wiederholung ist ein wesentlicher Bestandteil des Sprachlernprozesses und hat im Konzept von **Pluspunkt Deutsch** einen hohen Stellenwert. Das Arbeitsbuch enthält ein umfangreiches und vielfältiges Übungsangebot zu den Lektionen des Kursbuchs. Es ermöglicht Kursleitern und Kursleiterinnen auf die individuellen Bedürfnisse und Fähigkeiten der Lernenden einzugehen. Wortschatz und Grammatik sowie die vier Fertigkeiten können also gezielt und binnendifferenziert geübt werden. Die Vokabeln des Kursbuchs mit Hinweisen zur Aussprache finden Sie auf den letzten beiden Seiten der Arbeitsbuchlektionen in der Reihenfolge ihres ersten Auftretens. Die Lernenden können in den Schreibzeilen die Übersetzungen in ihrer Muttersprache eintragen.

Die **Audio-CD** enthält die Hörtexte aus dem Kurs- und Arbeitsbuch sowie die Phonetikübungen.

In den **Handreichungen für den Unterricht** finden Kursleiter und Kursleiterinnen Tipps für den Unterricht und eine Fülle von Vorschlägen, die als Ausgangspunkt für Differenzierungsmaßnahmen in heterogenen Kursen dienen können. Zusätzliche Kopiervorlagen erleichtern die Unterrichtsvorbereitung.

Unter www.cornelsen-daf.de gibt es für die Arbeit mit **Pluspunkt Deutsch** Zusatzmaterialien, Übungen und didaktische Tipps sowie interessante Links zur Auflockerung des Unterrichts.

Viel Spaß und Erfolg mit **Pluspunkt Deutsch** wünschen Ihnen die Autoren und der Cornelsen Verlag!

Symbole

Der Text ist auf CD zu hören.

schriftliche Übung

Sie arbeiten im Kurs.

Sie arbeiten zu zweit.

92   Auf Seite 92 finden Sie eine passende Ausspracheübung.

99   Auf Seite 99 finden Sie die Grammatik im Überblick.

Inhalt   *Kommunikation*   *Grammatik*

Inhalt	Kommunikation	Grammatik

A Das Alphabet

Aa **Ää** Bb Cc

Dd Ee Ff

Gg Hh Ii Jj

Kk Ll Mm Nn

Oo **Öö** Pp Qq

Rr Ss **ß** Tt

Uu **Üü** Vv Ww

Xx Yy Zz

((◁ 1 Der Alphabet-Rap. Hören Sie zu und machen Sie mit.

((◁ 2 Hören Sie zu und schreiben Sie die Buchstaben auf.

1. ___ 2. ___ 3. ___ 4. ___ 5. ___ 6. ___

7. ___ 8. ___ 9. ___ 10. ___ 11. ___ 12. ___

((◁ 3 Hören Sie zu und schreiben Sie die Namen auf.

☐☐☐☐☐
☐☐☐☐☐☐

1. _____

☐☐☐☐☐☐
☐☐☐☐☐☐

2. _____

☐☐☐☐☐☐☐
☐☐☐☐☐☐

3. _____

☐☐☐☐
☐☐☐☐☐☐

4. _____

☐☐☐☐
☐☐☐☐☐☐☐☐☐

5. _____

☐☐☐☐☐☐
☐☐☐☐.

6. _____

4 Schreiben und buchstabieren Sie Ihren Namen.

Vorname: _____

Nachname: _____

B Wir stellen uns vor!

1 a) **Hören Sie zu.**

> Ich heiße …

> Guten Morgen.
> Ich heiße Georg Krüger.
> Wie heißen Sie?

> Ich heiße
> Tamara Subova.

> Und wie heißen Sie?

b) **Stellen Sie sich im Kurs vor.**

2 a) **Hören Sie den Dialog. Woher kommen Alla Tagirowa und Mehmed Paydas?**

+ Wie heißen Sie?
– Ich heiße Alla Tagirowa. Und wie heißen Sie?
+ Ich bin Mehmed Paydas. Woher kommen Sie?
– Ich komme aus Russland. Und Sie?
+ Ich komme aus der Türkei.

Ich komme aus …	Russland.
	Polen.
	der Slowakei.
	der Türkei.
	der Ukraine.
	dem Iran.
	…

b) **Stellen Sie sich gegenseitig Fragen wie im Dialog. Sie finden eine Weltkarte im Umschlag.**

3 Beantworten Sie die Fragen.

+ Wie heißen Sie?   – Ich heiße _____ _____ .

+ Woher kommen Sie? – Ich komme aus _____ .

C Guten Tag!

1 a) Hören Sie die Dialoge.

a

b

c

Dialog 1

\+ Grüß Gott, Frau Huber!
– Grüß Gott, Herr Lindner!
  Wie geht es Ihnen?
\+ Danke, gut. Und Ihnen?
– Danke, es geht.

Dialog 2

\+ Hallo, Martin!
– Hallo, Ute. Wie geht es dir?
\+ Gut, danke.

Dialog 3

\+ Guten Tag, Herr Böger!
– Guten Tag, Herr Meier!
  Wie geht es Ihnen?
\+ Gut, danke. Und Ihnen?

b) Ordnen Sie die Dialoge den Fotos zu.

Dialog 1 = Foto ☐   Dialog 2 = Foto ☐   Dialog 3 = Foto ☐

2 Was sagen die Leute? Hören Sie die Dialoge und kreuzen Sie an.

Dialog 1:   ☐ Wie geht's?   ☐ Grüß Gott!   ☐ Guten Tag!

         ☐ Wie geht es Ihnen?   ☐ Guten Morgen!

Dialog 2:   ☐ Wie geht es dir?   ☐ Grüß Gott!

     ☐ Guten Morgen!   ☐ Danke, es geht.   ☐ Guten Tag!

Dialog 3:   ☐ Grüß Gott!   ☐ Guten Morgen!   ☐ Danke, es geht.

       ☐ Guten Tag!   ☐ Danke, gut.

A Guten Morgen!

1 Hören Sie den Dialog. Wie heißen die Personen?

2 **a) Lesen Sie den Dialog.**

Sergej Brodsky: Guten Morgen! Sind Sie neu hier im Haus?

Ahmed Yildirim: Ja. Mein Name ist Ahmed Yildirim. Und wie heißen Sie?

Sergej Brodsky: Ich heiße Sergej Brodsky. Und wer sind Sie?

Sakine Yildirim: Ich bin Sakine Yildirim. —

Ahmed Yildirim: Wohnen Sie auch hier, Herr Brodsky?

Sergej Brodsky: Ja, ich wohne schon lange hier.

b) Wer ist das? Ergänzen Sie.

Ich bin
Ahmed Yildirim.

Ich bin
Sakine Yildirim.

Ich bin
Sergej Brodsky.

Das ist Ahmed Yildirim.

3 Sehen Sie sich das Foto an und hören Sie den Dialog. Wer ist das?

Sabrina Marks: Hallo! Wie heißt du?

Mahmud Yildirim: Mahmud. Und wer bist du?

Sabrina Marks: Ich bin Sabrina. Herzlich Willkommen!

4 a) Lesen Sie die Dialoge noch einmal. Ergänzen Sie die W-Fragen.

☞ 99

W-Fragen		
Wie heißen Sie?	→	_____ heißt du?
_____ sind Sie?	→	_____ bist du?

b) Sammeln Sie weitere W-Fragen.

Wo wohnst du?

5 Hören Sie den Dialog und ergänzen Sie.

wohne		
heiße		Sind
	bin	
heißen		

+ Wie _____ Sie?
– Ich _____ Anja Heller.
+ _____ Sie neu hier?
– Ja, ich _____ neu hier. Und Sie?
+ Ich _____ schon lange hier.

6 Sie sind dran! Stellen Sie sich vor.

Ich heiße Ali.

Das ist Ali. Ich heiße Pjotr.

Das sind Ali und Pjotr. Ich heiße Leyla.

B1 Was sind Sie von Beruf?

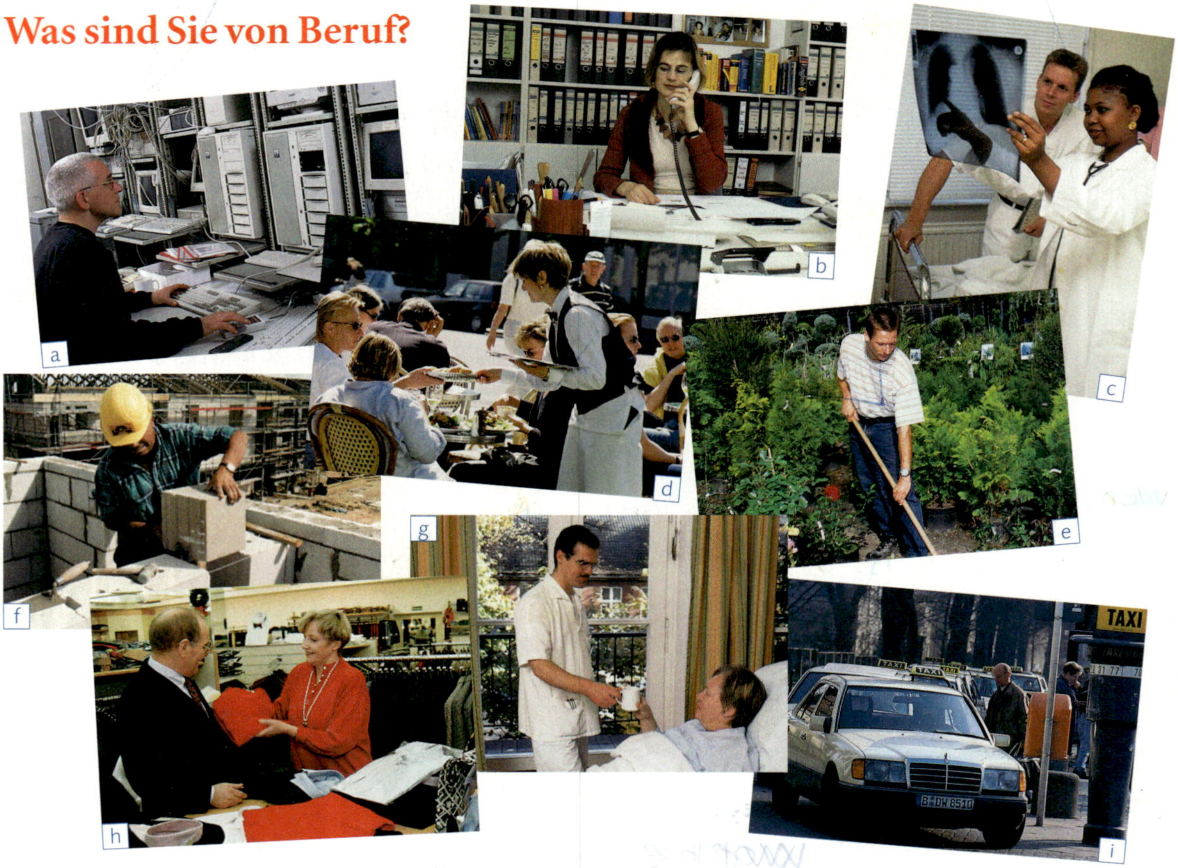

1 Sehen Sie sich die Fotos an und ordnen Sie die Berufe zu.

1. ☐ der Taxifahrer
2. ☐ die Ärztin
3. ☐ der Programmierer
4. ☐ die Kellnerin
5. ☐ die Sekretärin
6. ☐ die Verkäuferin
7. ☐ der Krankenpfleger
8. ☐ der Bauarbeiter
9. ☐ der Gärtner

2 Hören Sie die Dialoge und ergänzen Sie.

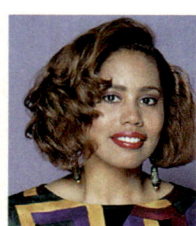

1.
\+ Was sind Sie von Beruf?
– Ich bin
____

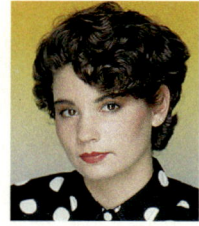

3.
\+ Was bist du von Beruf?
– Ich bin
____

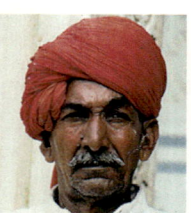

2.
\+ Was machen Sie beruflich?
– Ich bin
____

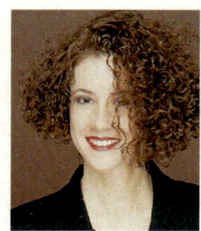

4.
\+ Was machst du beruflich?
– Ich bin
____

1 Hören Sie die Dialoge und kreuzen Sie an: Welche Berufe hören Sie?

☒ die Friseurin   ☐ der Tischler   ☐ die Lehrerin   ☒ der Bäcker

☒ der Ingenieur   ☐ der Koch   ☒ die Kranken-   ☒ der Auto-
                                       schwester   mechaniker

2 Ergänzen Sie die Tabelle und die Regel. 🔊 92

der Mann = maskulin (m)	die Frau = feminin (f)
der *Taxifahrer*	die Taxifahrerin
Programmierer	_____
Lehrer	_____
_____	Friseurin
Ingenieur	_____
_____	Kellnerin
Tischler	_____
Automechaniker	_____

☞ 99

Die femininen Berufsbezeichnungen haben die Endung _____.
Ausnahmen

der Kranken**pfleger**   die Kranken**schwester**
der Geschäfts**mann**   die Geschäfts**frau**
der Arzt   die Ärzt**in**

3 **a)** **Was sind Sie von Beruf? Fragen Sie sich gegenseitig und sammeln Sie an der Tafel.**

b) **Berufe im Kurs. Fragen und antworten Sie wie im Beispiel.**

Was

Beispiel: + **Was** ist Ali von Beruf?

       − Ali ist **Tischler** von Beruf.

Name	Beruf
Ali	Tischler
Natalia	Krankenschwester

Wer

Beispiel: + **Wer** ist Krankenschwester von Beruf?

       − **Natalia** ist Krankenschwester von Beruf.

4 **Welche Buchstaben fehlen? Ergänzen Sie und lesen Sie die Wörter.**

1. der A__zt
2. die Ges__häft__fra__
3. die Kra__ken__ch__e__t__r
4. die __rztin
5. der T__xi__ahr__r
6. der B__c__er
7. der __ut__me__han__ke__
8. die L__h__e__in
9. der Ke____ner

5 **Wer arbeitet wo? Schreiben Sie Sätze.**

im Krankenhaus   im Friseurladen   in der Schule   im Restaurant

in der Bäckerei   im Kaufhaus   im Büro   in der Werkstatt

1. Der Arzt arbeitet …
2. Die Sekretärin arbeitet …
3. Der Bäcker …
4. Die Friseurin …
5. Die Lehrerin …
6. Der Automechaniker …
7. Der Kellner …
8. Die Verkäuferin …

C Verben

1 a) Verben markiert man so: (wohn)(en) = Infinitiv ☞ 99

    ↑ der Stamm   ↑ die Endung

b) Markieren Sie die Endungen.

arbeiten – lernen – kommen – machen – schreiben

2 a) Lesen Sie die Sätze und markieren Sie die Endungen beim Verb.

Wir wohnen in Berlin.

Ich arbeite im Büro.

Sie macht Hausaufgaben.

Sie kommen aus Polen.

Ihr lernt Deutsch.

Was schreibst du?

b) Ergänzen Sie die Verben aus a).

ich _____ + _____   wir _____ + _____

du _____ + _____   ihr _____ + _____

sie _mach____ + _t____   sie _____ + _____

Personalpronomen	
ich	wir
du	ihr
er/sie/es	sie/Sie

3 Ergänzen Sie die Sätze.

arbeiten	
ich	arbeite
du	arbeit**est**
er/sie/es	arbeit**et**
wir	arbeit**en**
ihr	arbeit**et**
sie/Sie	arbeit**en**

1. Du ___*lernst*___ Deutsch. (lernen)
2. Ich _____ schon lange hier. (wohnen)
3. Ingrid _____ im Krankenhaus. (arbeiten)
4. Was _____ ihr? (machen)
5. Wir _____ Bettina und Ralf. (heißen)
6. Die Lehrerin _____ . (fragen)
7. Er _____ aus dem Iran. (kommen)
8. Wir _____ in Frankfurt. (wohnen)

4 Was machen die Leute?

Beispiel: Der Verkäufer verkauft Blumen.

Blumen verkaufen

Möbel bauen

Autos reparieren

Haare schneiden

Deutsch unterrichten

Briefe schreiben

5 Schreiben Sie Sätze.

ich	arbeiten	Deutsch
du	wohnen	in …
er/sie/es	reparieren	aus …
wir	schreiben	Briefe
ihr	lernen	Autos
sie/Sie	kommen	im Krankenhaus
…	heißen	…

Beispiel:
Wir lernen Deutsch.

6 Hören Sie zu.
Ergänzen Sie mit dem Verb *sein*.

☞ 100

sein	
ich	**bin**
du	**bist**
er/sie/es	**ist**
wir	**sind**
ihr	**seid**
sie/Sie	**sind**

1. + _____ du Claudia?
   – Ja, ich _____ Claudia.

2. + _____ Sie Frau Kaiser?
   – Nein, ich _____ Frau Petter.
   Das _____ Frau Kaiser.

7 Ein Würfelspiel mit Verben

arbeiten – hören – kommen –
lernen – machen – sein – heißen –
wohnen – leben – bauen – schreiben

 ich
 du
er/sie/es

wir
ihr
sie/Sie

D Eine Familie, viele Personen

1 Sehen Sie sich das Foto an und lesen Sie den Text.

Das ist Familie Köppen.

Der Mann heißt Sven.
Er kommt aus Cottbus.

Die Frau heißt Christine.
Sie ist Schwedin.

Das Baby heißt Paul.
Es ist ein Junge.

2 a) Unterstreichen Sie die Artikel und die Personalpronomen.

☞ 100

b) Tragen Sie die Artikel und die Personalpronomen in die Tabelle ein.

	Artikel	Personalpronomen
maskulin	der	_____
feminin	_____	_____
neutral	_____	es

3 Hören Sie den Text und beantworten Sie die Fragen.

a) Was sind Sven und Christine von Beruf?

b) Wo wohnt Familie Köppen?

c) Woher kommt Christine?

4 Das ist Steffi Graf und ihre Familie. Sehen Sie sich das Foto an und lesen Sie die Notizen. Stellen Sie die Familie vor.

Steffi – kommt aus Mannheim – Tennisspielerin
Andre – Amerikaner – Tennisspieler
Jaden Gil – Baby
Wohnort: Las Vegas, USA

1 Ordnen Sie die Buchstaben den Personen und Sachen zu.

☐ die Tafel	☐ der Radiergummi	☐ der Mülleimer	☐ der Bleistift
☐ die Schülerin	☐ der Rucksack	☐ das Foto	☐ der Füller
☐ die Lampe	☐ der Lehrer	☐ der Tisch	☐ das Lineal
☐ die Kreide	☐ das Wörterbuch	☐ der Schüler	☐ der Stuhl
☐ das Heft	☐ der Kugelschreiber	☐ das Buch	☐ die Tasche

2 Markieren Sie die Pluralendungen. Was fällt Ihnen auf?

das Buch   die Bücher   die Lampe   die Lampen   der Mann   die Männer

der Lehrer   die Lehrer   das Foto   die Fotos   das Kind   die Kinder

der Tisch   die Tische   die Frau   die Frauen   der Rucksack   die Rucksäcke

3 Ordnen Sie die Beispiele aus Aufgabe 2 in die Tabelle.
Finden Sie weitere Beispiele.

☞ 101

–	-e	-n	-en	-er	-s	Umlaut +
die Computer	die Berufe	die Namen	die Verben	_____	die Babys	die Bücher
die Fenster	die Hefte	_____	_____		_____	_____
_____	_____	_____	_____	_____	_____	_____
_____	_____	_____	_____	_____	_____	_____

Lerntipp: Lernen Sie Nomen mit Artikel und im Plural:
der Lehrer – die Lehrer / die Lampe – die Lampen / …
Der bestimmte Artikel im Plural ist immer *die*.

4 Singular oder Plural? Hören Sie die Wörter und kreuzen Sie an.

	Singular	Plural		Singular	Plural
1.	☐	☐	6.	☐	☐
2.	☐	☐	7.	☐	☐
3.	☐	☐	8.	☐	☐
4.	☐	☐	9.	☐	☐
5.	☐	☐	10.	☐	☐

Alles klar?

1 **Finden Sie zu jeder Frage die passende Antwort.**

1. Wie heißen Sie?
2. Sind Sie neu hier?
3. Was sind Sie von Beruf?

a) Ich bin Friseurin.
b) Ich heiße Sarafina Diop.
c) Nein, ich wohne schon lange hier.

Und Sie?

2 **Formelle Anrede und informelle Anrede.**
Ordnen Sie die Sätze in die Tabelle.

Sind Sie neu hier? – Was bist du von Beruf? – Wie heißt ihr? –
Wer sind Sie? – Was machen Sie beruflich? – Was machst du?

formell	informell
Wie heißen Sie?	*Wie heißt du?*

3 **Nennen Sie acht Berufe. Schreiben Sie die Nomen mit Artikel.**

1. _____
2. _____
3. _____
4. _____

5. _____
6. _____
7. _____
8. _____

4 **Ergänzen Sie die Tabelle.**

	lernen	wohnen	kommen	arbeiten
ich	_____	_____	_____	_____
du	_____	wohnst	_____	_____
er/sie/es	_____	_____	_____	_____
wir	_____	_____	_____	_____
ihr	_____	_____	_____	arbeitet
sie/Sie	lernen	_____	_____	_____

5 Hören Sie zu und ergänzen Sie die Sätze.

1. Ich _____ Maria. Ich _____ neu hier und _____ Deutsch.

2. Ich _____ Ilia Iwanow. Ich _____ in Frankfurt.

3. Ingrid _____ Lehrerin. Sie _____ in einer Schule.

4. Boris _____ aus Russland. Er _____ schon lange in Deutschland.

6 Sehen Sie sich das Foto an und schreiben Sie einen kleinen Text.

Name?
Wohnort?
Beruf?

Das ist …
Er heißt …

7 a) Was ist das? Ergänzen Sie den Artikel und das Nomen.

_____   das _____   das _____   der _____

der _____   _____   das _____   _____

b) Tragen Sie die Sachen in die Tabelle ein und ergänzen Sie den Plural.

c) Der Artikel im Plural heißt immer _____ .

	Singular	Plural
maskulin	der _____	die _____
	der Tisch	die _____
	_____	_____
	_____	_____
feminin	die Lampe	die _____
neutral	das Heft	_____
	_____	_____
	_____	die Bücher

Wo liegt Ihre Heimat?

Sehen Sie sich die Europakarte an.

a) **Wie heißen die Nachbarländer von Deutschland?**

b) **Wo liegt Ihre Heimat? Im Umschlag finden Sie eine Weltkarte.**

Ich komme aus China. Das liegt in Asien.

Wo liegt Sri Lanka?

Norden
Nordeuropa

Westen
West-
europa

Osten
Ost-
europa

Süden
Südeuropa

2 **Länder und Hauptstädte. Schreiben Sie Sätze.**

Beispiel: Die Hauptstadt von der Türkei heißt Ankara.

von Lettland	von Großbritannien
	von Italien
~~von der Türkei~~	von Finnland
von Kroatien	von den Niederlanden

Helsinki	~~Ankara~~
	Riga
Rom	
	London
Amsterdam	Zagreb

3 Hören Sie den Dialog. Woher kommen Muhammed und Klaus?

4 **a) Lesen Sie den Dialog. Ist Ihre Antwort zu Frage 3 richtig?**

Klaus: Sag mal, Muhammed, woher kommst du eigentlich?
Muhammed: Ich komme aus dem Irak.
Klaus: Aus Bagdad?
Muhammed: Nein, nein! Bagdad ist die Hauptstadt, aber ich bin aus Basra.
Und du, Klaus?
Klaus: Ich bin aus Salzburg.
Muhammed: Salzburg liegt nicht in Deutschland, oder?
Klaus: Nein, Salzburg liegt in Österreich.
Muhammed: Ist Salzburg eine große Stadt?
Klaus: Ja schon, aber Wien ist die Hauptstadt.

b) Was ist richtig, was ist falsch? Kreuzen Sie an.

	richtig	falsch
Muhammed kommt aus Basra.	☑	☐
Salzburg ist eine kleine Stadt.	☐	☐
Salzburg ist die Hauptstadt von Österreich.	☐	☐

Das ist richtig.

Das ist falsch.

c) Korrigieren Sie die falschen Aussagen.

5 **Ergänzen Sie.**

> **Stadt und Land sind ohne Artikel.**
> **Ausnahme: Einige Länder haben die Artikel *der* oder *die*.**
>
> | | |
> |---|---|
> | **der** Irak | Ich komme aus **dem** Irak. |
> | | Basra liegt **im** Irak. |
> | **die** Türkei | Ich komme aus **der** Türkei. |
> | | Istanbul liegt in **der** Türkei. |

in de**m** → i**m**

1. Ich komme ___aus___ Berlin. Berlin liegt _____ Deutschland. Berlin ist die Hauptstadt.
2. Ich bin _____ Moskau. Das liegt _____ Russland.
3. Ich komme _____ Sudan. Port Sudan liegt _____ Sudan. (**der** Sudan)
4. Ich komme _____ _____ Ukraine. Kiew liegt _____ _____ Ukraine. (**die** Ukraine)

6 Woher kommen Sie? Sammeln Sie Städte und Länder an der Tafel.

Ich komme	aus … (Stadt/Land).
	aus dem … (Land).
	aus der … (Land).
… (Stadt) liegt	in … (Land).
	im … (Land).
	in der … (Land).

Ich komme aus der Slowakei.

Ich komme aus Beirut. Beirut liegt im Libanon.

A2 Nationalität und Sprache

1 Hören Sie zu. Woher kommen Rosa, Jeanette, Wojtek, Larissa und Süleyman?

2 Lesen Sie die Texte und ergänzen Sie die Tabelle.

Ich komme aus Mexiko und spreche Spanisch. Aber jetzt spreche ich auch Deutsch!

Rosa

Ich bin Französin und lebe in Paris. Ich bleibe ein Jahr in Deutschland und lerne Deutsch.

Jeanette

Ich heiße Wojtek. Ich bin Pole. Vielleicht finde ich in Deutschland Arbeit und bleibe hier.

Wojtek

Ich komme aus der Türkei. Ich bin Kurde. Meine Frau ist auch Kurdin. Wir leben und arbeiten schon lange in Deutschland. Aber wir haben ein Haus in der Türkei. Ich spreche Türkisch, Kurdisch und Deutsch.

Ich bin neu in Deutschland und komme aus Kasachstan. Meine Eltern sind Deutsche. Ich spreche Deutsch und Russisch.

Larissa

Süleyman

	Rosa	Jeanette	Wojtek	Larissa	Süleyman
Land					
Nationalität			*Pole*		
Sprache/n					

das Land	die Nationalität	die Sprache
Deutschland	Deutsch**er**/Deutsch**e**	Deutsch
Frankreich	Franzose/Französ**in**	Französisch
Israel	Israel**i**/Israel**i**	Hebräisch
Lettland	Lett**e**/Lett**in**	Lettisch
der Libanon	Liban**ese**/Liban**esin**	Arabisch
Polen	Pol**e**/Pol**in**	Polnisch
Russland	Russ**e**/Russ**in**	Russisch
Spanien	Spanier/Spanier**in**	Spanisch
die Türkei	Türk**e**/Türk**in**	Türkisch
die Ukraine	Ukrain**er**/Ukrain**erin**	Ukrainisch

3 **Sehen Sie sich die Bilder an. Schreiben Sie Sätze wie im Beispiel.**

Beispiel: 1. Der Mann ist Franzose. Er spricht Französisch.

4 **Fragen Sie im Kurs.**

– Was ist Ihre/deine Nationalität?
– Welche Sprache(n) sprechen Sie / sprichst du?

Ich bin …

Ich spreche …

1 Ordnen Sie zu.

☐ der Stuhl
☐ die Spüle
☐ der Schrank
1 der Sessel
☐ die Lampe
☐ die Toilette
☐ der Mülleimer
☐ die Kommode
☐ der Tisch
☐ das Sofa
☐ der Spiegel
☐ das Bett

2 Machen Sie eine Tabelle und ordnen Sie die Sachen aus Aufgabe 1 in die Zimmer.

das Wohnzimmer	die Küche	das Schlafzimmer	das Badezimmer
			der Spiegel

a das Wohnzimmer
b die Küche
c das Schlafzimmer
d das Badezimmer

3 Der unbestimmte Artikel

	bestimmter Artikel	unbestimmter Artikel
maskulin	**der** Stuhl	**ein** Stuhl
feminin	**die** Lampe	**eine** Lampe
neutral	**das** Bett	**ein** Bett

☞ 101

Das ist **ein** Stuhl.
Der Stuhl ist im Wohnzimmer.

Den unbestimmten Artikel gibt es nicht im Plural.

a) Was ist Nummer 1? Fragen Sie sich gegenseitig und antworten Sie.

Was ist Nummer 1?

Nummer 1 ist ein Sessel.

b) Und was fehlt? Sammeln Sie weitere Sachen für die Wohnung.

4 Ergänzen Sie.

Das ist **eine** Lampe. **Die** Lampe ist von Familie Yildirim.

Das ist _____ Küche. _____ Küche ist modern.

Da steht _____ Schrank. _____ Schrank ist groß.

Das ist _____ Mülleimer. _____ Mülleimer ist voll.

B2 Das ist keine Lampe.

1 Sehen Sie sich das Bild an und ergänzen Sie die Sätze.

Das ist aber eine schöne Lampe.

Das ist **keine** Lampe, das ist **ein** Samowar. Möchtest du einen Tee?

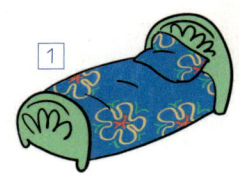

1. Das ist ___*kein*___ Sofa, das ist ___*ein Bett*___.
2. Das ist _____ Schrank, das ist _____.
3. Das ist _____ Tisch, das ist _____.
4. Das ist _____ Bild, das ist _____.

2 Ergänzen Sie.

Die Negation mit *kein*		☞ 102
ein Kellner	**eine** Stadt	**ein** Problem
_____ Kellner	_____ Stadt	_____ Problem

Kein funktioniert wie *ein*. Aber *kein* hat einen Plural:
Das sind kein**e** Schüler, das sind Lehrer.

3 Fragen Sie im Kurs.

+ Ist das ein Buch? − Nein, das ist kein Buch, das ist ein Heft.

1 Sehen Sie sich das Bild an und lesen Sie den Text.
Was ist jetzt in der Wohnung der Yildirims? Sammeln Sie die neuen
Wörter. Vergessen Sie den Artikel nicht! 🔊 93

> der Herd, das Regal, die ...

So sieht die Wohnung von Familie Yildirim nach drei Wochen aus:
Die Küche ist fast fertig. Sie haben einen Herd, einen Schrank und Tassen und Teller.
Die Vorhänge sind sehr schön. Frau Yildirim hat jetzt einen Kühlschrank, aber sie braucht
auch eine Waschmaschine. Die ist teuer.
Die Yildirims haben Pflanzen im Wohnzimmer und ein Regal.
Sie haben auch ein Sofa und einen Samowar, aber sie haben keinen Fernseher.
Mahmud sagt: Wir brauchen einen Fernseher!

2 Unterstreichen Sie im Text alle Ergänzungen nach *haben* und *brauchen*.
Schreiben Sie Sätze wie in den Beispielen.

ich	habe	/ brauche
du	hast	/ brauchst
er/sie/es	hat	/ braucht
wir	haben	/ brauchen
ihr	habt	/ braucht
sie	haben	/ brauchen

der Herd → Die Familie hat einen Herd.
die Waschmaschine → Sie braucht eine Waschmaschine.
das Regal → Sie haben ein Regal.

3 Verb und Ergänzung. Schreiben Sie die Sätze ins Heft und markieren Sie wie im Beispiel.

Beispiel: Ich   habe   den Kugelschreiber .

     Nominativ-Ergänzung   Verb   **Akkusativ**-Ergänzung

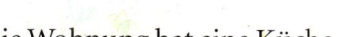

1. Die Wohnung hat eine Küche.
2. Wir brauchen einen Fernseher.
3. Der Lehrer fragt den Schüler.
4. Sie liest ein Buch.
5. Sie schreiben einen Text.
6. Du brauchst einen Schrank.

Nach dem Akkusativ fragt man mit *wen* (Person) oder *was* (Sache):
Wen fragt der Lehrer? Er fragt den Schüler.
Was braucht Mahmud? Er braucht einen Fernseher.

4 Ergänzen Sie die Tabelle und die Regel.

☞ 102

	Nominativ	**Akkusativ**
maskulin	**der**/**ein** Schrank	**den**/____ Schrank
feminin	**die**/**eine** Küche	____/____ Küche
neutral	**das**/**ein** Sofa	____/____ Sofa

Der bestimmte und unbestimmte Artikel ändert sich im Akkusativ nur bei Nomen mit dem Artikel: _____ .
Im Plural ist der bestimmte Artikel immer *die*.

5 Setzen Sie den bestimmten Artikel (Nominativ) ein und ergänzen Sie dann die Sätze mit dem unbestimmten Artikel (Akkusativ).

Nominativ   *Akkusativ*

1. _das_ Heft   Ich brauche _ein_ Heft.
2. ____ Kugelschreiber   Du hast ____ Kugelschreiber.
3. ____ Tasche   Ich brauche ____ Tasche für die Hefte.
4. ____ Baby   Wir haben jetzt ____ Baby!
5. ____ Foto   Warte! Ich mache ____ Foto.

6 Ihre Wohnung. Zeichnen Sie die Zimmer und Möbel. Schreiben und erzählen Sie.

Meine Wohnung hat ... – Ich habe / wir haben keine ... – Ich brauche ...

die Badewanne

der Computer

die Spülmaschine

der Balkon

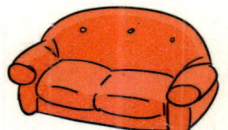

C1 Zahlen, Zahlen, Zahlen (I)

1 Hören Sie zu. Dann schreiben Sie die Zahlen zu den Zeichnungen.
Die Seitenzahlen helfen Ihnen.

eins – zwei – drei – vier – fünf – sechs – sieben – ~~acht~~ –
neun – zehn – elf – zwölf – dreizehn – vierzehn – fünfzehn –
sechzehn – siebzehn – achtzehn – neunzehn – zwanzig

acht

zwanzig _neunzehn_ _eins_

fünfzehn _drei_ _sechzehn_

2 Zählen Sie bis zwanzig. Vorwärts und rückwärts.

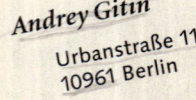

C2 Wo wohnst du?

1 Markieren Sie folgende Begriffe in der Collage.

der Name – die Straße – die Postleitzahl – der Monat –
~~der Tag~~ – die Woche

2 Hören Sie zu und schreiben Sie die Telefonnummern auf.

Telefon: _____ Handy: _____

A B C

3 **Lesen Sie den Text und beantworten Sie die Fragen.**

Hassan: Hallo! Der Kurs ist gut, nicht?

Andrey: Ja, die Gruppe ist klein. Wir sind nur elf Schüler. Das ist wirklich gut.

Hassan: Das stimmt. Bist du schon lange in Berlin?

Andrey: Ich lebe schon fünf Jahre in Deutschland – immer in Berlin.

Hassan: In Deutschland bin ich schon zwei Jahre, aber erst einen Monat in Berlin.
Ich wohne in der Wrangelstraße, hier in Kreuzberg, und wo wohnst du?

Andrey: Meine Adresse ist Urbanstraße elf. Hast du Telefon?

Hassan: Klar habe ich Telefon. Hast du einen Stift da?
Die Nummer ist sechs – eins – zwei – vier – fünf – null – null.
Ich habe auch ein Handy.

Andrey: Wie ist da die Nummer?

Hassan: Die Handynummer ist null – eins – sieben – fünf – und dann
acht – drei – eins – sechs – sechs – sechs – sieben.

Andrey: Prima, wir können ja mal zusammen Hausaufgaben machen.

Hassan: Gute Idee. Hast du Donnerstag Zeit? …

a) **Wie viele Schüler hat der Kurs?**

b) **Wie lange ist Andrey in Deutschland? Und Hassan?**

c) **Wie ist die Adresse von Andrey?**

4 **a)** **Interview. Fragen Sie Ihren Partner /
Ihre Partnerin.**

– Wie heißen Sie / heißt du?
– Wo wohnen Sie / wohnst du?
   Wie ist Ihre/deine Adresse?
– Wie ist Ihre/deine Telefonnummer?
– Wie lange leben Sie / lebst du in Deutschland?

b) **Machen Sie eine Kursliste.**

Name	Vorname	Adresse	Tel.

5 **Schreiben Sie einen Text über Ihren Partner / Ihre Partnerin.**

Das ist Annika. Annika wohnt Amselweg …
Sie lebt fünf …

C3 Zahlen bis 100

1 Hören Sie zu. Lesen Sie die Zahlen laut.

in Ziffern	in Buchstaben	in Ziffern	in Buchstaben
0	null	29	neunundzwanzig
21	einundzwanzig	30	dreißig
22	zweiundzwanzig	40	vierzig
23	dreiundzwanzig	50	fünfzig
24	vierundzwanzig	60	sechzig
25	fünfundzwanzig	70	siebzig
26	sechsundzwanzig	80	achtzig
27	siebenundzwanzig	90	neunzig
28	achtundzwanzig	100	hundert/einhundert

☞ 103

Lerntipp: Lesen Sie die Zahlen von 13 bis 99 von rechts nach links.

zwanzig ← und ← 24 vier

2 Schreiben Sie die Zahlen und lesen Sie sie laut.

_____

_____

_____

_____

_____

_____

3 Hören Sie zu und schreiben Sie die Telefonnummern auf.

Thomas: _____

Birte: _____

Bronco: _____

Ali: _____

Tamara: _____

Sandra: _____

1 Lesen Sie den Dialog. Wer hat eine Schwester?

Indira: Wie viele Geschwister hast du eigentlich, Nadja?

Nadja: Ich habe einen Bruder. Er ist siebzehn.

Indira: Nur einen Bruder?

Nadja: Ja, wie viele Geschwister hast du?

Indira: Ich habe fünf Brüder und eine Schwester. Die Familien in Indien sind oft sehr groß.

> **Lerntipp:** **Das Fragewort *Wie viele?* steht immer zusammen mit einem Nomen im Plural. Zum Beispiel:** Wie viele Geschwister?

2 Fragen Sie Ihren Partner / Ihre Partnerin wie im Beispiel.

1. Thomas: 2 Schwestern
2. Amir: 4 Brüder
3. Ludmila: 1 Schwester, 2 Brüder
4. Penny: 0 Geschwister
5. Pjotr: 2 Brüder, 1 Schwester
6. Und Sie? _____

> Wie viele Geschwister hat Thomas?

> Thomas hat zwei Schwestern.

3 Fragen und antworten Sie im Kurs.

> Wie viele CDs hast du?

Töpfe

1   Wer ist das? Erfinden Sie eine Person und schreiben Sie
einen kurzen Text.

Das ist ...

| Name |
| Alter |
| Sprache |
| Nationalität |
| Adresse |

 2   Wie heißt das Land?

a) Ordnen Sie die Buchstaben.

Beispiel: B g l e i n e → Belgien

s s l R u n d a	d n a l g n E	t s d n a l E	l d n a I s
a h C n i	l d n a I r	i t e L n a u	n I i e a t l	u S n a d
m n i e n ä u R	r h c i e r s t Ö e	z w S c h i e	~~B g l e i n e~~
x i M o e k	w e e i n n o S l	o l w a k e i S	r I a n	a K r e o

b) Mischen Sie andere Ländernamen und fragen Sie im Kurs.

 3   Dialoge mit *haben*. Ergänzen Sie.

1. + _____ Sie Kinder? – Nein, ich _____ keine Kinder.

2. + Familie Mohns _____ jetzt ein Baby. – Ist es süß? + Ja, sehr!

3. + _____ ihr jetzt Stühle? – Nein, aber wir _____ zwei Sessel.

4. + _____ Andrea Geschwister? – Ja, sie _____ einen Bruder.

5. + _____ du das Buch? – Nein, ich _____ es nicht.

 4   Dialoge mit *brauchen*. Ergänzen Sie.

1. + Wir _____ eine Waschmaschine. – Ihr _____ auch einen Kühlschrank.

2. + _____ du das Kursbuch? – Nein, ich _____ das Arbeitsbuch.

3. + _____ Sie den Stift noch? – Nein. Danke schön.

4. + Mahmud, du _____ keinen Fernseher. – Doch, ich _____ einen!

5 Was ist das? Schreiben Sie Sätze.

Beispiel: Sie hat keine Waschmaschine.

Ich	braucht	
Du	habe	einen …
Er	brauchen	keinen …
Wir	haben	eine …
Ihr	brauchst	keine …
Sie	ist	ein …
Das	brauche	zwei …
	hat	

6 Artikel im Nominativ und Akkusativ. Ergänzen Sie die Artikel im Akkusativ und schreiben Sie die Wörter in die Tabelle.

| ~~Stadt~~ | Mann | Arbeit | Bett | Schrank | Sprache |
| Sofa | Land | Herd | Regal | Wohnung | Monat |

der/ _den_   die/ _die_   das/ _das_

ein/ _einen_   eine/ _eine_   ein/ _einen_

Mann	_Stadt_	_Bett_
Schrank	_Arbeit_	_Sofa_
Herd	_Sprache_	_Land_
Monat	_Wohnung_	_Regal_

7 Rätsel. Wie geht die Zahlenreihe weiter?
Schreiben Sie die Zahlen auf und lesen Sie sie dann laut vor.

a) 29 – 27 – 25 – 23 – _____ – _____ – _____ – _____ – _____ – _____

b) 28 – 24 – 20 – 16 – _____ – _____ – _____ – _____ – _____ – _____

c) 7 – 5 – 8 – 6 – _____ – _____ – _____ – _____ – _____

d) 28 – 14 – 24 – 12 – _____ – _____ – _____ – _____ – _____ – _____

1 Lesen Sie den Text.

das Fenster

das Dach

die Wand

die Tür

Änderungsschneiderei

Obst und Gemüse

Im Dach-
geschoss
wohnen
Studenten.

Im 2. Stock
wohnen
Familien.

Im 1. Stock
ist links ein
Zahnarzt.

Im Erd-
geschoss gibt
es Geschäfte.
Links ist eine
Schneiderei
…

Rechts
arbeitet ein
Augenarzt.

… und
rechts ein
Obst- und
Gemüse-
laden.

  **2 Machen Sie ein Wörternetz
zum Thema *Haus*.**

das Haus   das Erdgeschoss

**3 Beschreiben Sie das Haus.
Wer wohnt oder arbeitet wo?**

Im Erdgeschoss links
ist eine Schneiderei.

Im ersten Stock arbeitet
ein Augenarzt.

  **4 Schreiben Sie Sätze und fragen Sie im Kurs: Richtig oder falsch?
Korrigieren Sie die falschen Aussagen.**

Im Dachgeschoss wohnen Familien.

Das ist falsch. Im Dach-
geschoss wohnen Studenten.

Westend, 2 Zi, 76 qm, EG, Kü, Bad, 420 € + NK

Danckelmannstr., 1. OG, 35 qm, Bad, Bk, neu renoviert, 310 €

Mitte, 3 Zi, 78 qm, DG, kein Aufzug, sonnig, 660 €

City, NB, Kü, Bad, Bk, ZH, 4 Zi, 110 qm, 1000 €

1 **Sehen Sie sich die Wohnungsanzeigen an. Es gibt viele Abkürzungen. Ordnen Sie zu.**

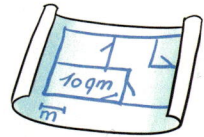

der Quadratmeter

der Neubau

1. OG   Dachgeschoss

Bk   Neubau

2 Zi   Nebenkosten

EG   Zentralheizung

Kü   Erdgeschoss

NK   zwei Zimmer

DG   erstes Obergeschoss

NB   Balkon

ZH   Küche

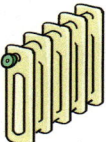

die Zentralheizung

2 **Schreiben Sie eine Wohnungsanzeige. Ihr Partner / Ihre Partnerin beschreibt die Wohnung.** 🔊 94

Die Wohnung hat zwei Zimmer, eine Küche, …

3 **a) Hören Sie die Texte. Wer wohnt wo? Schreiben Sie die Namen unter die Fotos.**

1. _____   2. _____   3. _____

b) Hören Sie die Texte noch einmal und ergänzen Sie die Tabelle.

	Familie Kramer	Herr und Frau Yüksel	Familie Fahl
Kinder			
Stock			Haus: 2 Stockwerke
Zimmer			
qm			

B Farben und Adjektive

1 Lieblingsfarben

a) Hören Sie die Interviews. Wer hat welche Lieblingsfarbe? Kreuzen Sie an.

Maria
- ☒ ▬ blau
- ☐ ▬ grün
- ☐ ▬ rosa
- ☐ ▭ weiß

Boris
- ☐ ▬ schwarz
- ☐ ▬ lila
- ☐ ▬ gelb
- ☒ ▬ türkis

Naomi
- ☐ ▬ braun
- ☐ ▬ rot
- ☒ ▬ orange
- ☐ ▬ grau

b) Was ist Ihre Lieblingsfarbe?

c) Fragen Sie im Kurs: Was ist Ihre/deine Lieblingsfarbe?

2 Beschreiben Sie das Zimmer.

> Das Sofa ist …

> Die Wand ist rosa.

3 Wie finden Sie das Zimmer und die Möbel? Die Adjektive helfen Ihnen.

Beispiel: Wie finden Sie / findest du das Sofa? – Das Sofa finde ich hässlich. – Die Lampe ist schön.

sehr gut	(ganz) gut	nicht gut
toll	(ganz) schön	hässlich
schön	nicht schlecht	furchtbar
super	okay	langweilig

4 **a)** Sehen Sie sich die Zeichnungen an und ordnen Sie das Gegenteil zu.

alt – hell – groß – lang – ~~rund~~

dunkel ≠ _____ eckig ≠ *rund* klein ≠ _____ neu ≠ _____ kurz ≠ _____

 b) Kennen Sie noch mehr Gegensatzpaare? Machen Sie eine Liste.

5 Sehen Sie sich die Fotos an. Ordnen Sie ein Adjektiv zu. Manchmal gibt es mehrere Möglichkeiten. Kennen Sie noch mehr Adjektive?

der Koffer das Auto *schnell* die Rockmusik das Baby

~~schnell~~	süß
schwarz	laut
klein	kalt
weich	schwer

   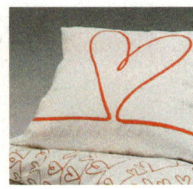

die Schokolade der Kaffee das Eis das Kissen

> Das Auto ist schnell.

6 **a)** Lesen Sie die Anzeigen und ordnen Sie die passende Zeichnung zu.

a

1 Kühlschrank, groß, sauber und gepflegt

2 Küchentisch, rund, ausziehbar

3 Regal, weiß, für Bücher, preiswert. Tel. 33 75 21

4 Sofa, braun, bequem. Tel. 0172/193 55 76

b

c

d

e

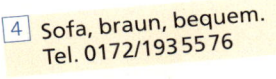
f

5 Fahrrad, rot, 1 Jahr alt

6 Ledersessel, schwarz, neu. Tel. 790 56 72

 b) Schreiben Sie eine Anzeige zu einem Gegenstand Ihrer Wahl.

C Eine Wohngemeinschaft

1 a) Hören Sie den Dialog. Was ist richtig, was ist falsch?

	richtig	falsch
1. Paul, Marek und Firas sind Studenten.	☑	☐
2. Marek kommt aus dem Libanon.	☐	☑
3. Amir und Susan kommen zu Besuch.	☐	☐
4. Marek und Wenno gehen um 21 Uhr ins Kino.	☐	☐
5. Firas trinkt Tee.	☐	☐

b) Hören Sie den Dialog noch einmal. Korrigieren Sie die falschen Aussagen.

2 Lesen Sie den Dialog.

Die Studenten Paul, Marek und Firas wohnen zusammen: Sie sind eine Wohngemeinschaft. Paul kommt aus Deutschland, Marek aus Polen und Firas aus dem Libanon. Jeder hat ein Zimmer. In der Küche treffen sie sich, kochen und reden zusammen.

Paul: Wann fährst du nach Warschau, Marek?

Marek: Am Sonntag. Ich freue mich riesig! Meine Mutter macht Bigos – hm, lecker!

Firas: Isst du heute Abend mit uns? Amir und Susan kommen zu Besuch.

Marek: Nein, sorry, ich habe leider keine Zeit. Ich treffe mich mit Wenno. Er fährt morgen nach Prag und wir gehen um 20 Uhr ins Kino.

Paul: Was seht ihr euch an?

Marek: Hmmm … keine Ahnung …

Firas: Du vergisst aber auch alles, Marek!

Paul: Nimmst du auch Kaffee, Firas?

Firas: Nein, danke, ich nehme lieber Tee. Gibst du mir bitte den Zucker?

Marek: Siehst du Klaus heute in der Uni?

Firas: Ja, um 15 Uhr. Warum?

3 a) Was ist eine Wohngemeinschaft? Kreuzen Sie an.

1. ☐ Eine Wohngemeinschaft ist ein Haus mit vielen Wohnungen.
2. ☒ In einer Wohngemeinschaft wohnen zwei oder mehr Personen zusammen und teilen die Miete.
3. ☐ Eine Wohngemeinschaft ist ein Haus für Studenten.

b) Gibt es in Ihrem Heimatland auch Wohngemeinschaften?

4 a) Sammeln Sie zu den folgenden Verben alle konjugierten Formen aus dem Dialog.

geben – nehmen – essen – treffen – fahren – vergessen – sehen

b) Was fällt Ihnen auf? Sehen Sie sich auch die Tabelle auf Seite 103 an.

5 Was macht Marek? Sehen Sie sich die Zeichnungen an und schreiben Sie Sätze.

Schlüssel nehmen	Wenno treffen	Pizza essen
Film sehen	mit Wenno sprechen	nach Haus fahren

sprechen
er/sie/es spricht

Marek nimmt den Schlüssel. Er …

D Sprechen und verstehen

1 Sehen Sie sich die Bilder an und hören Sie die Dialoge.
Ordnen Sie die Dialoge den Bildern zu.

d Dialog 1

+ Vor maskulinen Nomen im Akkusativ
  Singular heißt der Artikel *den* und vor
  femininen Nomen im Akkusativ Singular …
− Entschuldigung, können Sie das bitte
  wiederholen? Aber bitte etwas langsamer.

a Dialog 2

+ Können Sie mir bitte den Zucker geben?
− Bitte? Ich verstehe Sie nicht.

b Dialog 3

+ Rechtsanwaltskanzlei Krause und Hinkel.
− Guten Tag. Hier ist Maier.
+ Können Sie bitte etwas lauter sprechen?

c Dialog 4

+ Guten Tag. Wie heißen Sie?
− Ich heiße Marek Kluszinski.
+ Können Sie das bitte buchstabieren?

2 Hören Sie die Dialoge. Suchen Sie eine passende Antwort aus Aufgabe 1.
Manchmal gibt es mehrere Möglichkeiten.

E Meine Familie

1

Hören und lesen Sie den Dialog.

+ Wer ist das?
– Das ist meine Frau.
+ Und wer ist das? Deine Tochter?
– Ja, das ist meine Tochter. Sie ist 12. Und das ist mein Bruder.
+ Wo ist dein Vater?
– Hier. Das ist mein Vater und das ist meine Mutter.

2 Markieren Sie im Dialog die Possessivbegleiter und ergänzen Sie die Tabelle.

☞ 104

Possessivbegleiter				
	maskulin		*feminin*	
ich	‾‾‾	Mann	‾‾‾	Frau
du		Vater		Mutter
er/es	**sein**	Sohn	**seine**	Tochter
sie	**ihr**	Bruder	**ihre**	Schwester
Sie-Form	**Ihr**		**Ihre**	

3 Heike Hoffmann stellt ihre Familie vor.

a) Lesen Sie den Text.

Mein Mann heißt Rolf. Wir haben zwei Kinder. Unsere Tochter heißt Tanja und unser Sohn Markus. Sandra ist meine Schwägerin und Bernd mein Schwager. Mein Schwiegervater heißt Heinz und meine Schwiegermutter Hilde.

b) Ergänzen Sie wie im Beispiel.

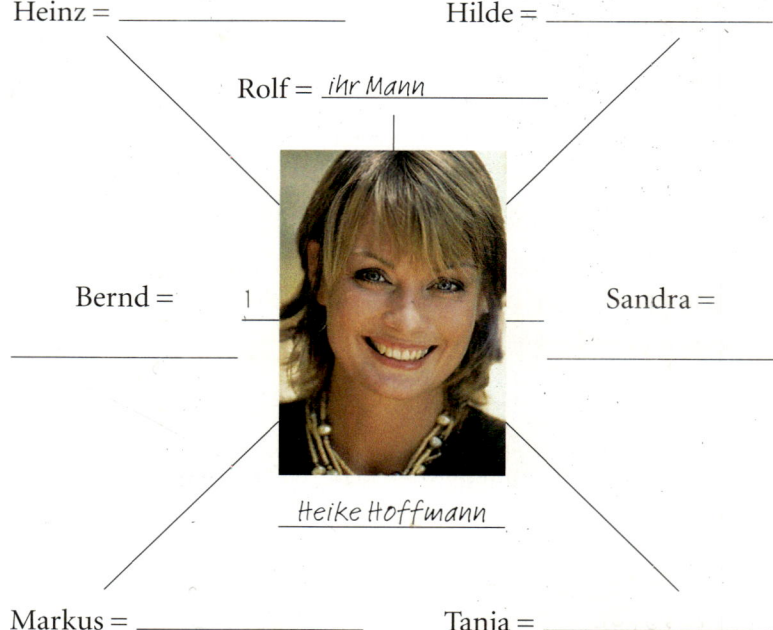

Heinz = _____   Hilde = _____

Rolf = *ihr Mann* _____

Bernd = _____   Sandra = _____

Heike Hoffmann

Markus = _____   Tanja = _____

c) **Beschreiben Sie die Familie aus der Sicht von Rolf.**

Das ist Rolf. Er hat zwei Kinder. Seine ...

4 **Ergänzen Sie die Tabelle.**

Possessivbegleiter			☞ 104
	maskulin	*feminin*	
wir	_____ Sohn	_____ Tochter	
ihr	**euer**	**eure**	
sie	**ihr**	**ihre**	

Plural: Das sind **meine/deine/seine/ihre/Ihre/unsere/eure/ihre** Söhne/Kinder/Töchter.

5 **Ergänzen Sie die Possessivbegleiter.**

1. Ich habe einen Bruder. _____ Bruder heißt Stefan.
2. Frau Sander hat zwei Kinder. _____ Tochter ist 11 und _____ Sohn ist 15 Jahre alt.
3. + Hans und Beate, wo wohnen _____ Kinder?
   – _____ Kinder wohnen in Köln.
4. + Yussuf, lebt _____ Frau auch in Deutschland?
   – Nein, _____ Frau lebt noch in der Türkei.
5. + Was ist _____ Schwiegervater von Beruf, Frau Bohn?
   – _____ Schwiegervater ist Tischler.

6 **Ergänzen Sie die Tabelle.**

die Großeltern	der Großvater	die Großmutter
die Eltern	_____	die Mutter
die _____	der Sohn	_____
die Geschwister	_____	die Schwester
	der Onkel	die Tante
	der Neffe	die Nichte
	der Cousin	die Cousine

7 **Stellen Sie Ihre Familie vor. Bringen Sie Familienfotos mit.**

8 **Interviewen Sie Ihren Partner / Ihre Partnerin und stellen Sie seine/ihre Familie vor.**

> Er hat zwei Brüder und drei Schwestern.

Wo leben deine Eltern? Was ist dein Vater von Beruf?
Wie heißen deine Kinder? Hast du Geschwister?

F Zahlen, Zahlen, Zahlen (II)

1 Hören Sie zu und ergänzen Sie die Zahlen.

+ Wie alt bist du?
– Ich bin ___.

+ Wie ist Ihre Adresse?
– Berliner Straße ___ in _____ Berlin.

+ Wie viele Zimmer hat die Wohnung?
– _4_ Zimmer, _1_ Küche, _1_ Bad und ___ Balkon.

+ Wie ist deine Handynummer?
– _____.

2 Beim Marathon. Ordnen Sie die Ziffern zu.

1. _____ sechshundertsechsundneunzig
2. _____ dreihundertzweiundsiebzig
3. _____ vierhundertdreiundachtzig
4. _____ einhundertelf
5. _____ achthundertvierundzwanzig
6. _____ zweihundertfünfundvierzig
7. _____ fünfhundertachtunddreißig
8. _____ siebenhundertsiebzehn

3 Die Zahlen ab 100

☞ 104

in Ziffern	in Buchstaben	in Ziffern	in Buchstaben
100	hundert/einhundert	2 000	zweitausend
101	hunderteins	…	
102	hundertzwei	10 000	zehntausend
…		…	
110	hundertzehn	20 000	zwanzigtausend
120	hundertzwanzig	…	
…		100 000	hunderttausend
200	zweihundert	…	
…		1 000 000	eine Million (= Mio.)
1000	tausend/eintausend	2 000 000	zwei Millionen
1001	tausendeins	…	
		2,5 Mio.	zwei (Komma) fünf Millionen

4 **a) Hören Sie den Dialog.**

Wann bist du geboren? → Ich bin im Jahr 1975 geboren.

Seit wann bist du in Deutschland? → Ich bin seit 2002 in Deutschland.

Wie viele Einwohner hat deine Heimatstadt? → Meine Heimatstadt hat ungefähr 2,5 Millionen Einwohner.

b) Stellen Sie sich gegenseitig Fragen und antworten Sie.

Wann ...?   Wie viele Einwohner hat ...?   Seit wann ...?

Wie alt ...?   Wie lange ...?

5 **Lesen Sie den Text und beantworten Sie die Fragen.**

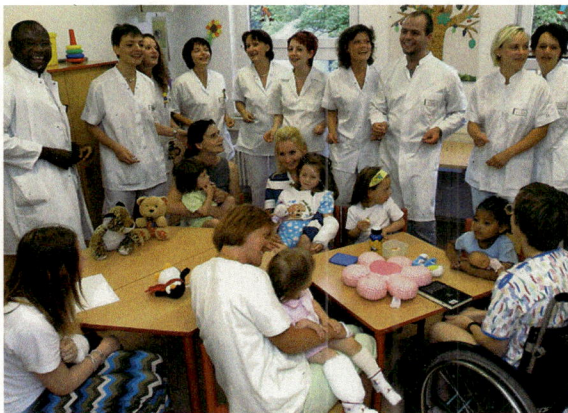

Menschen in Deutschland

In Deutschland leben ungefähr 81 Mio. Menschen, davon sind 7 Mio. Ausländer: Türken (über 2 Mio.), Jugoslawen (737 000), Italiener (616 000), Griechen (364 000) und Polen (292 000).
Pro Jahr kommen ca.* 103 000 Spätaussiedler z. B. aus Russland nach Deutschland. Ihre Nationalität ist deutsch.
Ca. 80 000 Menschen stellen jährlich einen Asylantrag in Deutschland. Sie sind Asylbewerber.

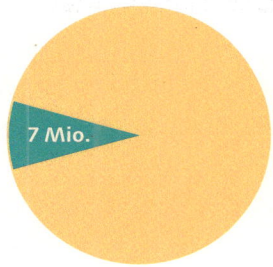

7 Mio.

* ca. = circa
Quelle: Spiegel.online vom
17.05.2001 + wissen.de

1. Wie viele Menschen leben in Deutschland?
2. Wie viele Ausländer leben in Deutschland?
3. Ca. wie viele Spätaussiedler kommen pro Jahr nach Deutschland?
4. Ca. wie viele Asylbewerber gibt es jährlich?

1 Ergänzen Sie die Ortsadverbien.

unten – oben – rechts – links

2 Welche Farbe hat der Gegenstand auf dem Bild?

Das Handy ist rot.

3 Ergänzen Sie das Gegenteil.

schwer – schnell – alt – ~~eckig~~ – kurz

1. Der Tisch ist nicht rund. Er ist ___eckig___ .
2. Das Fahrrad fährt nicht _____ . Es fährt langsam.
3. Die Waschmaschine ist nicht leicht. Sie ist _____ .
4. Die Haare sind nicht _____ . Sie sind lang.
5. Das Sofa ist nicht neu. Es ist _____ .

4 Beschreiben Sie die Möbel. Wie finden Sie sie?

Der Tisch ist schön.

5 Ergänzen Sie.

1. Muhammed _____spricht_____ (sprechen) schon gut Deutsch.

2. _____ (nehmen) du Zucker in den Tee?

3. _____ (geben) du mir bitte meine Tasche?

4. Susanne _____ (fahren) in die Stadt.

5. _____ (essen) du gerne Pizza?

6. Paul _____ (lesen) ein Buch.

6 Ergänzen Sie die Possessivbegleiter.

1. Ich habe eine Schwester. _____Meine_____ Schwester heißt Marie.

2. Paul hat einen Bruder. _____ Bruder ist Automechaniker.

3. Tina hat noch zwei Geschwister. _____ Geschwister sind 15 und 18 Jahre alt.

4. _____ Großeltern leben in Leipzig. Wir sehen sie oft.

5. Leben _____ Eltern in Deutschland, Elena und Andrey?

6. Tim hat eine Schwester. _____ Schwester hat zwei Kinder.

_____ Kinder sind klein.

7 Hören Sie die Zahlen und notieren Sie sie.

a) Telefonnummern

1. _____ 3. _____

2. _____

b) Jahreszahlen

1. _____ 3. _____

2. _____ 4. _____

8 Schreiben Sie die Zahlen in Buchstaben.

1. 11,2 Mio. Einwohner = _____

2. 81 Mio. Menschen = _____

3. 270 Mio. Einwohner = _____

4. 147 Mio. Menschen = _____

Wiederholungsspiel

Drei in einer Reihe

Spielregeln

1. Immer zwei oder vier Personen aus dem Kurs spielen zusammen.
2. Sie brauchen neun Spielsteine, z. B. Münzen.
3. Sie beantworten eine Frage richtig. Dann legen Sie eine Münze auf das Feld.
4. Haben Sie drei Felder in einer Reihe? Dann haben Sie gewonnen.

Zählen Sie bis zehn. eins, …	**Ergänzen Sie die Verbformen.** ich komm…, er komm…, ihr komm…	**Nennen Sie drei Farben.**	**Was passt nicht?** der Kaffee die Schokolade das Eis das Auto
Wie heißt die Frage? + … – Ich heiße Marion Kramer.	**Ist das ein Stuhl?**	**Wie heißt das Gegenteil?** groß ≠ … neu ≠ … kurz ≠ …	**Wie heißen die drei Artikel?**

Ergänzen Sie den Satz.
 	
Die Sekretärin …
Briefe.
	+ Wie geht es
	   Ihnen?
	– …
		+ Wie viele
		   Geschwister
		   haben Sie?
		– …
			Buchstabieren Sie.
			
			BUNCZKOWSKI

Nennen Sie drei Berufe.	**Wie heißt der Plural?** das Buch *diebe* das Foto der Lehrer der Tisch *e*	+ Woher kommen Sie? – …	**Ergänzen Sie die Verbformen.** ich hab… er *hat* sie *haben*

Welche Sprache spricht man … in Deutschland? in der Türkei? in Russland?	**Wo arbeitet der Arzt?**	**Wie heißt der unbestimmte Artikel?** der Stuhl die Lampe das Bett	**Ergänzen Sie den Satz.** Wir brauchen … Fernseher.
+ Wie ist Ihre Telefonnummer? – …	**Was bedeuten die Abkürzungen?** Zi, Kü, EG	**Nennen Sie drei Länder.**	**Was ist das?**
Ergänzen Sie die Verbformen. ich treff… du … er …	**Nennen Sie drei Familienmitglieder.**	**Lesen Sie die Zahlen.** 597, 143, 865	+ Seit wann sind Sie in Deutschland? – …
Nennen Sie fünf Nomen mit *die*.	**Ergänzen Sie den Satz.** … du mir bitte das Buch?	**Wer arbeitet in der Werkstatt?**	**Ergänzen Sie die Possessivbegleiter.** + Ist das … Sohn? – Ja, das ist … Sohn.

A1 Aktivitäten

1 Wer macht was? Ordnen Sie zu.

- [ ] Fußball spielen
- [ ] im Internet surfen
- [ ] schwimmen gehen
- [ ] kochen
- [ ] tanzen
- [ ] Musik hören
- [ ] nähen
- [ ] fernsehen
- [ ] spazieren gehen

2 Was machen die Leute? Schreiben Sie Sätze.

Beispiel: Fußball spielen → Die Kinder spielen Fußball.

spazieren gehen → Der Mann und die Frau gehen spazieren.

3 Hören Sie zu. Kreuzen Sie in Aufgabe 1 an, was Sie hören.

4 **Was machen Sie gern? Was ist Ihr Hobby? Fragen und antworten Sie im Kurs.**

Ich (gehe) gern (schwimmen).

☞ 105

Ich lese gern.

Was machst du gern?

Mein Hobby ist Tanzen.

A2 Die Uhrzeiten

1 **Sehen Sie sich die Uhren an.**

a) Schreiben Sie Sätze wie im Beispiel.

Beispiel: + Wie spät ist es? − Es ist Viertel nach sechs.

1. Viertel nach sechs   2. sechs Uhr   3. zwanzig vor sechs

4. fünf nach sechs   5. halb sechs   6. Viertel vor sechs

b) Sehen Sie sich die Beispiele an und setzen Sie die Reihe fort.

Beispiel: 1. Es ist zehn Uhr. → Es ist fünf nach zehn. → Es ist zehn nach zehn.

2. Es ist zwölf Uhr. → Es ist Viertel nach zwölf. → Es ist halb eins.

2 **Beantworten Sie die Fragen.**

1. Wann beginnt der Kurs?
   Der Kurs beginnt um _____ .
2. Wann gehst du schwimmen?
   Ich gehe um _____ schwimmen.
3. Um wie viel Uhr kommt dein Bruder?
   Mein Bruder kommt um _____ .

Der Kurs beginnt um acht Uhr.

 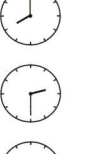 

A3 Was hat Tanja am Samstag vor?

a) Sehen Sie sich die Bilder an. Ordnen Sie die Sätze zu.

3	*abholen*	Mittags holt sie ein Paket ab.
☐	_____	Sie gehen ins Kino. Der Film fängt um 21 Uhr an.
☐	_____	Um halb sieben sieht sie fern.
☐	_____	Sie räumt ihre Wohnung auf.
☐	_____	Sie steht um zehn Uhr auf.
☐	_____	Um zwanzig nach zwölf schläft sie ein.

☐ _____ Sie kauft Lebensmittel ein. _____ Sie bringt eine Zeitung mit.

☐ _____ Am Abend geht Tanja aus. _____ Zwei Freundinnen kommen mit.

☐ _____ Der Film hört spät auf. _____ Sie fährt mit der U-Bahn zurück.

b) Ordnen Sie die Infinitive den Sätzen zu.

| anfangen | aufhören | aufstehen | mitkommen | zurückfahren | aufräumen |
| fernsehen | ~~abholen~~ | einkaufen | mitbringen | einschlafen | ausgehen |

c) Unterstreichen Sie die Verben in den Sätzen.

✐ **2** **Trennbare Verben.**

a) Die Satzklammer. Schreiben Sie Sätze mit den Verben aus Aufgabe 1 und markieren Sie sie wie im Beispiel.

einkaufen: Tanja (kauft) Lebensmittel (ein). ☞ 105

b) Ergänzen Sie das trennbare Verb. ◉)) 95

1. vorhaben: Familie Marks _____ heute Abend viel _____ .
2. abholen: Die Freundinnen _____ Tanja von zu Hause _____ .
3. aufstehen: Tanja _____ spät _____ .
4. fernsehen: Mahmud _____ heute Abend _____ .

◁▷ **3** **Hören Sie den Dialog zweimal und schreiben Sie Sätze wie im Beispiel.**
✐
1. der Unterricht – ausfallen – morgen   2. ich – vorhaben – viel – morgen

Der Unterricht fällt morgen aus.   _____

3. ich – ausschlafen – morgen

_____

4. du – aufräumen – die Wohnung

_____

5. ich – anrufen – Pjotr

_____

 **4** **Wann macht Tanja was? Sehen Sie sich die Bilder noch einmal an.**
Fragen und antworten Sie im Kurs.

Beispiel: + Wann steht Tanja auf? – Sie steht um zehn Uhr auf.
+ Um wie viel Uhr kauft sie Lebensmittel ein? – Sie …

 5 **Was machen Sie am Wochenende? Erzählen Sie.**

Wohnung putzen

wegfahren

Freunde treffen

joggen

Karten spielen

1 Sehen Sie sich die Fotos an und hören Sie zu. Ordnen Sie zu.

2 Ordnen Sie die Zeiten den Fotos zu.

1. ☐ dreizehn Uhr vierundvierzig
2. ☐ achtzehn Uhr zweiunddreißig
3. ☐ zwanzig Uhr fünfzehn
4. ☑ zwanzig Uhr
5. ☐ zehn Uhr achtundfünfzig

3 Schreiben Sie die Zeiten aus Aufgabe 2 zu den Zeiten in der Umgangssprache.

die Uhrzeit	offiziell	umgangssprachlich
	_____	gleich Viertel vor zwei
	_____	kurz nach halb sieben
	_____	Viertel nach acht
	_____	acht Uhr
	_____	kurz vor elf

4 Ergänzen Sie.

Wann – Wie – halb – um – Wie – Viertel – vor – ~~nach~~ – um

1. + _____ spät ist es? – Es ist jetzt _____ sieben.
2. + _____ beginnt der Film? – „Matrix" beginnt _____ halb neun.
3. + Sieh mal, um _____ nach acht beginnt „Tatort". – _____ lange geht er denn?
   + Bis Viertel _nach_ zehn.
4. + Bist du _____ elf hier? – Ja, es ist jetzt zwanzig _____ elf. Das ist kein Problem.

1 **a)** Schreiben Sie die Namen der Wochentage auf.

Mo: _____ Do: _____

Di: _____ Fr: _____

Mi: _____ Sa: _____

b) Welcher Tag fehlt?

2 Hören Sie zu und schreiben Sie die Wochentage auf.

Muhammed

_____ Fußball spielen

_Mo_____ Deutsch lernen

_____ einkaufen gehen

_____ Karim

Frau Yildirim

_____ Arzttermin

_____ putzen

_____ in die Stadt gehen

_____ einkaufen gehen

Tamara

_____ Brief schreiben

_____ arbeiten

_____ Musik hören

_____ Hausaufgaben machen

3 Lesen Sie den Wochenplan von Yussuf. Fragen und antworten Sie im Kurs.

Was macht Yussuf am Montag?

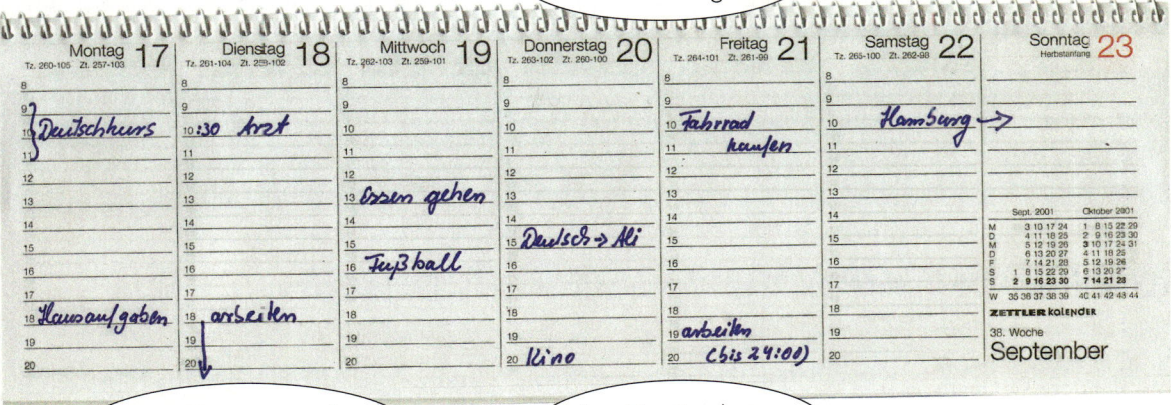

Am Montag macht Yussuf Hausaufgaben.

Am Montag hat er einen Deutschkurs.

4 Erzählen Sie.

☞ 106

morgens   vormittags   mittags   nachmittags   abends

Montag: Morgens hat Yussuf einen Deutschkurs. Nachmittags macht er Hausaufgaben. Dienstag: …

5 Wie sieht Ihre Woche aus? Machen Sie Notizen. Fragen Sie Ihren Partner / Ihre Partnerin.

1 Hören Sie zu und sehen Sie sich das Bild an. Ordnen Sie die Sätze an der Tafel.

Frage	Antwort ☺	Antwort ☹
Hast du heute Abend Zeit?		Nein, leider nicht.
Gehen wir am Samstag ins Kino?	Sehr gern.	

2 Die Satzfrage. Wo steht das Verb? Ergänzen Sie die Regel. ☞ 105

Position   1   2   1   2

Aussage Wir (gehen) am Samstag ins Kino.   Satzfrage (Gehen) wir am Samstag ins Kino?

Bei der Satzfrage steht das Verb auf Position _____ .
Die Nominativergänzung steht auf Position _____ .

3 Schreiben Sie mit Ihrem Partner / Ihrer Partnerin einen Dialog und spielen Sie ihn.

morgen / Fußball spielen?
             morgen, nein / Mittwoch?
wann?
             16:00 Uhr
später?
             ja / 17:00 / Ball?
ich/mitbringen
             ok, Tschüss!

C2 Fragen und Antworten

1

Welche Fragen und Antworten passen in die Sprechblasen? Ordnen Sie zu. Vergleichen und korrigieren Sie im Kurs.

1. Wie findest du den Deutschkurs?
2. Frag mich doch nicht: Ich finde beide schön.
3. Ja, wir nehmen es.
4. Kennen Sie schon die Nachbarn im 4. Stock, Frau Plausch?
5. Hallo Karin, besucht ihr uns morgen Abend?
6. Nehmen wir das Taxi?
7. Ja klar, Christina, wir besuchen euch morgen Abend um acht.
8. Ich finde ihn gut, aber auch etwas anstrengend.
9. Kaufen wir den Stuhl oder den Sessel?
10. Nein, ich kenne sie leider noch nicht. Erzählen Sie doch mal …

2 Ordnen Sie die Fragen und Antworten aus Aufgabe 1 und schreiben Sie sie in Ihr Heft. Unterstreichen Sie die Personalpronomen.

3 Ergänzen Sie die Tabelle. ☞ 106

Personalpronomen									
Nominativ	ich	du	er	sie	es	wir	ihr	sie	Sie
Akkusativ	___	**dich**	___	**sie**	___	**uns**	___	___	**Sie**

4 **Ergänzen Sie das Pronomen im Akkusativ.** 🔊 95/96

1. + Triffst du heute Abend **Klaus**? – Ja, ich treffe **ihn** heute Abend.
2. + Kaufst du **den Stuhl**? – Nein, ich kaufe _____ nicht.
3. + Ich rufe jetzt **Sabrina** an. – Ich rufe _____ später auch an.
4. + Liebt er **seine Familie** nicht? – Doch, er liebt _____ sehr.
5. + Bringt ihr **das Buch** mit? – Klar, wir bringen _____ mit.
6. + Findest du **die Wohnung** zu teuer? – Ich finde _____ nicht billig …

Artikel	Pronomen
der → er
die → sie
das → es

C3 Die Negation

1 **Schreiben Sie Frage- und Antwortsätze.** ☞ 105

~~morgen~~ früh – ~~du~~ – ~~haben~~ – Zeit
das Buch – brauchen – du
wir – ins Kino – gehen – heute

das Buch – brauchen – nein – ich – jetzt – nicht
ins Kino – heute – gehen – wir – nein – nicht
ich – keine Zeit – nein – haben – morgen früh

1. + _Hast du morgen_ _____ ? – _____ .
2. + _____ ? – _____ .
3. + _____ ? – _____ .

2 **Ergänzen Sie _nicht_ oder _kein_.**

Ja
Ich heiße Tom.
Ich bin 28 Jahre alt.
Ich spreche Deutsch und Englisch.
Ich bin verheiratet.
Ja, ich komme mit ins Kino.

Nein
Nein, ich heiße _Nich_ Tom. Ich bin _nicht_ 28.
Ich spreche _kein_ Deutsch und auch _kein_ Englisch.
Ich bin _kein_ verheiratet.
Nein, ich komme _Nich_ mit ins Kino.

3 **Schreiben Sie Sätze.**

Beispiel: nicht – bin – aus – Frankreich – ich → Ich bin nicht aus Frankreich.

1. heißt – sie – Müller – nicht
2. lernen – sie – Russisch – nicht
3. sind – im Kurs – zusammen – nicht – wir
4. spielt – Fußball – gern – er – nicht
5. spazieren – nicht – um 10:00 – wir – gehen
6. das Haus – kaufen – nicht – sie

D1 Der Besuch aus München

www.bahn.de

1 **Lesen und hören Sie den Text. Kreuzen Sie an: Richtig oder falsch?**

Annett Roth aus München besucht ihre
Schwester Doreen Marks in Berlin. Rainer ist
der Freund von Annett. Zusammen suchen
sie im Internet eine Verbindung und lesen den
Fahrplan.

Annett: Schau mal, Rainer! Der ICE 1610 fährt
von München-Hauptbahnhof direkt
bis Berlin Zoologischer Garten.
Ohne Umsteigen!

Rainer: Das klingt doch gut. Hm, er fährt um
8.51 Uhr ab. Dann kommst du um
15.46 Uhr in Berlin an.

Annett: Das heißt, die Fahrt dauert …

Rainer: Hier steht's doch: sechs Stunden und
55 Minuten, also fast sieben Stunden.

Annett: Oh je! Sieben Stunden bis Berlin …
Na, ich nehme ein Buch mit.

Rainer: Du schläfst bestimmt ein, wie immer.
Schau, hier geht es zur Buchung, aber
du hast keine Kreditkarte.

Annett: Das macht nichts. Ich reserviere
telefonisch und hole die Fahrkarte im
Reisezentrum ab. Ich bezahle sie dann
am Schalter.

	richtig	falsch
1. Annett fährt von München nach Berlin.	☐	☐
2. Die Fahrt dauert sechs Stunden.	☐	☐
3. Sie buchen online.	☐	☐
4. Annett holt das Ticket am Bahnhof ab.	☐	☐
5. Sie bezahlt mit Kreditkarte.	☐	☐

2 **Lesen Sie den Text noch einmal. Sehen Sie sich
den Fahrplan an. Ergänzen Sie das Wörternetz.**

der ICE — *die Bahn* — *der Fahrplan* / *abfahren*

3 **Annett und Doreen telefonieren. Sie sind Annett, beantworten Sie
Doreens Fragen. Spielen Sie den Dialog im Kurs.**

+ Wann kommst du an? – Ich komme um … an.
+ Wie lange dauert die Fahrt? – Die Fahrt …
+ Was machst du im Zug? – Ich nehme … und …
+ Hast du schon das Ticket? – Nein, ich hole das Ticket …

D2 Ein Besuchsprogramm

1 Doreen schreibt eine Liste für den Besuch von Annett.
Ordnen Sie ihre Ideen den Fotos zu.

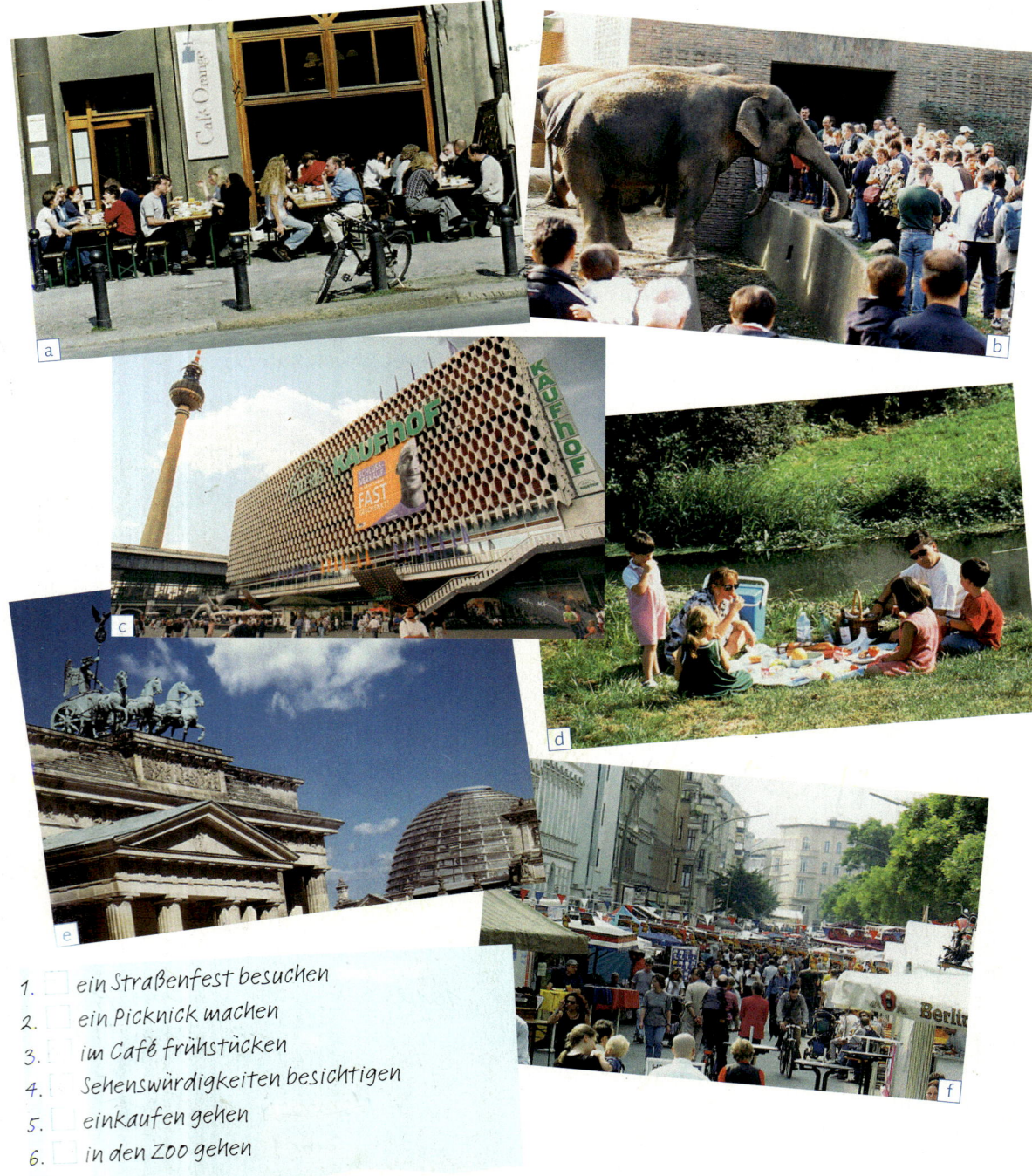

1. ☐ ein Straßenfest besuchen
2. ☐ ein Picknick machen
3. ☐ im Café frühstücken
4. ☐ Sehenswürdigkeiten besichtigen
5. ☐ einkaufen gehen
6. ☐ in den Zoo gehen

2 Haben Sie noch mehr Ideen? Ergänzen Sie die Liste. Sehen Sie noch einmal auf Seite 52 nach.

3 Was machen Annett und Doreen? Bilden Sie Gruppen und schreiben
Sie ein Besuchsprogramm. Stellen Sie es im Kurs vor.

zuerst → dann → danach → schließlich → zuletzt

1. Zuerst frühstücken sie im Café. ☞ 106
2. Dann ...
3. ...

           1   2

Sie (frühstücken) im Cafe.

          1   2

Zuerst (frühstücken) sie im Café.

4 Doreen ruft Thomas an und beschreibt das Programm. Hören Sie zu
und machen Sie sich Notizen. Vergleichen Sie danach im Kurs. 🔊 95/96

5 Sie bekommen Besuch aus der Heimat. Bereiten Sie ein Besuchsprogramm vor.

– einkaufen gehen

17.3.03
1. Fußball-Bundesliga:
Hertha BSC – FC Schalke 04
Ticket-Hotline: 24 04 02 20.
15.30 Uhr, Olympiastadion
1st Football Division:
Hertha BSC vs. FC Schalke 04
Ticket hotline: 24 04 02 20.
3:30pm, Olympiastadion

CROSS
Cross Jeanswear Co.

► JEANS
AB 5,- €
► JEANSJACKEN
AB 15,- €
► DIV. T-SHIRTS
AB 5,- €
► WORKER-JEANS
AB 20,- €

● 10437 Berlin
Schönhauser Allee 119-121
Mo.-Fr. 9.00-20.00 Uhr
Sa. 9.00-14.00 Uhr
● 16540 Hohen Neuendorf
Gewerbestraße 8
(im Gewerbegebiet,
gegenüber der Shell-
Tankstelle)
Mi.-Fr. 10.00-18.00 Uhr
Sa. 9.00-14.00 Uhr

WASSERFEST
25. August 2003
12.00-19.00 Uhr

Neue Jüdenstraße
(Nähe Rotes Rathaus)
U2 Klosterstraße

**Spaß für die
ganze Familie!**

Livemusik & Show
Wasserspaß für Kinder

**Britzer Garten /
Erholungspark
Marzahn**

**2x freier Eintritt beim Kauf
von 2 Eintrittskarten**

Bei Vorlage des Coupons erhalten Sie im
Britzer Garten oder im Erholungspark
Marzahn eine von zwei Eintrittskarten
gratis. Ausgenommen Sonderveranstal-
tungen. Für bis zu vier Personen. Gültig
ab sofort bis einschließlich Oktober 2002.

FABRIKVERKAUF

Fr., 04.05.03
**Besuch des Reichstags-
gebäudes und Besichtigung
des Regierungsviertels**
(s. Führung vom 05.04.03)
■ Treffpunkt: 14:00 Uhr vor
dem S-Bahnhof Unter den Linden,
Ausgang Hotel Adlon
■ Dauer: ca. 2,5 Stunden
■ Preis: 8,00 €
■ Bitte anmelden!

zitty präsentiert:
22:00UHR   22:00UHR
Hitchcocks
Vögel
**Italienisch
für
Anfänger**
WWW.MUSEUMSFESTIVAL.DE

✎ **1** Verbinden Sie und schreiben Sie Sätze.

Ich	fahren	am Samstag	mit.
Doreen	räume	deine Tochter	weg.
Wir	bringt	die Wohnung	auf.
Klaus	holt	Annett	an.
Du	rufst	seinen Bruder	ab.

✎ **2** Der Samstag von Frau Kruse. Schreiben Sie einen Text.

Zuerst steht Frau Kruse früh auf,
dann frühstückt sie ...

zuerst → dann → danach → schließlich → zuletzt

| viel einkaufen   früh aufstehen   lange frühstücken |
| Mittag essen   fernsehen   am Nachmittag ihren Enkel besuchen |
| aufräumen   ihre Freundin anrufen   einschlafen |

👥 **3** Die Uhrzeit. Ergänzen Sie die Fragen und Antworten.

1. Wann kommst du heute Nachmittag? *Ich komme um halb fünf* .

2. Wann _____ ? Wir gehen um sieben Uhr ins Kino.

3. Wie _____ ? Es ist jetzt _____ .

4. Um wie viel Uhr kommt der Zug an? _____ .

4 Ergänzen Sie die Personalpronomen im Akkusativ.

1. + Kaufst du die Fahrkarten? – Ja, ich kaufe _____ .

2. + Kommt Patrizia heute in Berlin an? – Ja, ich hole _____ ab.

3. + Hast du Kinder? – Ja, ich besuche _____ heute.

4. + Ich lade _____ zum Essen ein. Habt ihr am Samstag um 19 Uhr Zeit?
   – Klar, wir kommen gern!

5 Schreiben Sie Sätze.

Beispiel:

nicht – heiße – Krüger – ich

→ Ich heiße nicht Krüger.

1. Sie – Köln – nicht – aus – kommen
2. arbeitet – im Restaurant – nicht – er
3. nicht – liegt – Dänemark – in Südeuropa
4. hat – Frau – die Nummer – Krause – nicht –
   45 55 32

6 Verbinden Sie.

Gehen wir am Samstag ins Kino? ☐1

Ich gehe einkaufen. Hilfst du mir? ☐2

Gehen wir am Mittwoch
zusammen essen? ☐3

Lernen wir zusammen?
Kannst du am Donnerstag? ☐4

Hast du am Mittwochnachmittag Zeit? ☐5

☐a Ja gern, chinesisch oder italienisch?

☐b Tut mir Leid. Am Mittwoch habe ich um
vier Tanzstunde.

☐c Das geht nicht. Am Samstag besuche ich
meinen Bruder.

☐d Klar, aber ich kann erst um elf.

☐e Gern. Ich bringe ein Wörterbuch mit.

7 Ergänzen Sie die fehlenden Buchstaben.

Annett Roth aus Mün _ _ _ _ besucht ih _ _ Schwester Doreen Marks

in Ber _ _ _ . Rainer i _ _ der Fre _ _ _ von Annett, zusa _ _ _ _ _

suchen s _ _ im Inte _ _ _ _ _ eine Verb _ _ _ _ _ _ _ und

le _ _ _ den Fahr _ _ _ _ . Der ICE 1610 fä _ _ _ _ von München-

Hauptba _ _ _ _ _ _ direkt b _ _ Berlin Zoologischer Garten.

Oh _ _ Umsteigen!

A1 **Lebensmittel**

((◁ **1** a) **Hören Sie die Wörter und markieren Sie den Wortakzent.**

☺☺ b) **Sehen Sie sich das Bild an und lesen Sie den Einkaufszettel. Ordnen Sie jedem Lebensmittel die passende Nummer zu.**

2 **Welche Lebensmittel fehlen?**

3 Machen Sie eine Tabelle in Ihrem Heft und sortieren Sie die Lebensmittel.

Gemüse	Obst	Getreide/ Teigwaren	Back- waren	Süßig- keiten	Milch- produkte	Fleisch/ Fisch	Getränke
Tomaten Salat		Reis					

4 Kennen Sie noch mehr Lebensmittel? Sammeln Sie an der Tafel und ergänzen Sie Ihre Tabelle.

5 Verpackungen. Ordnen Sie zu.

1 Packung _____

1 Netz _____

1 Becher _____

1 Dose _____

1 Tafel _Schokolade_

1 Tüte _____

1 Flasche _____

1 Kasten _____

1 Glas _____

Chips	Nudeln
Joghurt	
Erbsen	Wein
~~Schokolade~~	
Orangen	Wasser
Marmelade	

6 Es ist Wochenende und Sie müssen einkaufen. Notieren Sie, was Sie brauchen und erzählen Sie im Kurs.

Ich brauche ein Brot und einen Liter Milch.

Ich brauche auch …

1 g = 1 Gramm
1 kg = 1 Kilo(gramm)
1 Pfd = 1 Pfund
         500 Gramm
         ½ (ein halbes) Kilo
1 l = 1 Liter

7 Hier sind noch mehr Situationen. Was brauchen Sie? Machen Sie eine Liste und erzählen Sie im Kurs.

1. Sie laden Ihre Freunde zum Abendessen ein.
2. Ihr Kind wird fünf Jahre alt und Sie machen eine Geburtstagsparty.
3. Verwandte aus Ihrer Heimat besuchen Sie in Deutschland.

2 an der Käsetheke 3 an der Fleischtheke 4 am Kiosk

6 im Getränkemarkt 4 auf dem Markt 5 in der Bäckerei

1 **Sehen Sie sich die Fotos an und sammeln Sie. Was kaufen Sie wo?**

> Ich kaufe Gemüse auf dem Markt.

2 **Hören Sie zu. Ordnen Sie die Dialoge 1 bis 6 den Fotos zu.**

3 **Hören Sie die Dialoge noch einmal. Was kaufen die Leute?**

4 **a)** **Machen Sie eine Tabelle im Heft und ordnen Sie:**
Was sagt der Verkäufer / die Verkäuferin? Was sagt der Kunde / die Kundin?

Ich möchte …	200 Gramm (Gehacktes), bitte!	
Geben Sie mir bitte …?	Haben Sie …?	Sonst noch etwas?
Sie wünschen?	Und außerdem?	Darf es ein bisschen mehr sein?
Was kostet …?	Etwas weniger/mehr, bitte.	
… ist heute im Angebot.	Ich hätte gern …	Das ist alles, danke.
Haben Sie noch einen Wunsch?	Ja, bitte?	Was darf es sein?

b) **Schreiben Sie mit Ihrem Partner / Ihrer Partnerin einen Dialog und spielen Sie ihn vor.**
Die anderen notieren, was Sie einkaufen. Hier drei Vorschläge:

1. Sie möchten einen Salat machen und gehen auf den Markt.
2. Sie kaufen beim Bäcker Brot und Brötchen.
3. Sie kaufen Obst. Ananas ist im Angebot.

B Preise

1 Hören Sie den Dialog.

a) Was kauft die Kundin?

b) Wie viel kostet ein Kilo Bananen?

c) Was kostet der Einkauf?

2 a) Lesen Sie den Dialog.

Kundin: Und wie viel kosten die Tomaten?

Verkäufer: Das Kilo Tomaten kostet heute 1,50 €.

Kundin: Dann hätte ich gern ein Pfund.

Verkäufer: Haben Sie noch einen Wunsch?

Kundin: Nein, danke, das ist alles. Was macht das?

Verkäufer: Also, ein Pfund Tomaten 75 Cent, ein Kilo Bananen 1,55 € …, zwei Kilo Orangen 1,49 € und vier Paprika 2 €. Das macht zusammen 5,79 €. Haben Sie es vielleicht passend?

Kundin: Ich glaube ja … Nein, tut mir Leid, ich habe leider nur 10 €.

Verkäufer: Und 4,21 € zurück. Schönen Tag noch!

Kundin: Danke, gleichfalls.

b) Ergänzen Sie die Frage oder die Antwort.

+ _____   – Nein, danke, das ist alles.

– _____   + Das macht zusammen 10,20 €.

+ Haben Sie es passend?   – ☺ _____

   – ☹ _____

3 a) Spielen Sie mit Ihrem Partner / Ihrer Partnerin einen Einkaufsdialog.

Was …? → 1 Aubergine, 1 Pfund Tomaten, 4 Orangen

noch einen Wunsch? ↙

↘ Preis Birnen?

2,99 €/kg ↙

↘ 1 kg

sonst? ↙

↘ alles

Das macht … ↙

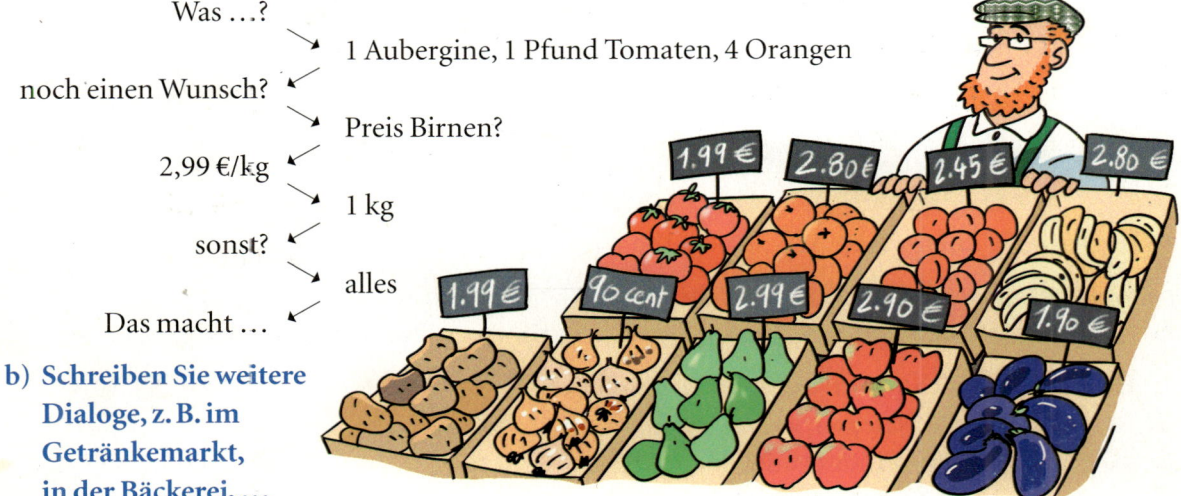

b) Schreiben Sie weitere Dialoge, z. B. im Getränkemarkt, in der Bäckerei, …

C Ein Grillfest

 1 **Sie wollen ein Grillfest machen. Was gehört alles dazu? Sammeln Sie an der Tafel.**

> Wir brauchen Brot.

Brot, Fleisch, Salat, ...

2 **Hören Sie den Dialog und notieren Sie die Speisen und Getränke.**

3 **a) Lesen Sie den Dialog.**

Es ist Samstagabend. Familie Marks ist bei Familie Krüger zu Besuch im Garten. Sie wollen zusammen grillen.

Frau Marks: Mmh, der Bohnensalat schmeckt sehr gut!

Michael Marks: Gib mir bitte noch ein Stück Lammfleisch, Sabrina!

Sabrina Marks: Nimm es doch selbst!

Frau Marks: Also, Sabrina!

Sabrina Marks: Gut, hier nimm! Aber pass auf, es ist heiß!

Herr Marks: Iss auch etwas Kartoffelsalat. Der ist sehr lecker!

Herr Krüger: Herr Marks, nehmen Sie noch ein Stück Fleisch!

Herr Marks: Nein, danke. Ich bin satt. Ich kann wirklich nichts mehr essen.

Herr Krüger: Und ein Glas Wein?

Herr Marks: Nein, ich muss ja noch Auto fahren. Aber ich nehme gerne ein Glas Wasser!

Frau Krüger: Thomas, hol doch bitte noch eine Flasche Wasser. Und bring auch noch zwei Gläser mit!

Herr Krüger: Nehmt noch ein Würstchen, Kinder!

b) Welche Aussagen sind richtig, welche falsch? Korrigieren Sie die falschen Aussagen.

	richtig	falsch
1. Herr Krüger möchte noch ein Stück Lammfleisch.	☐	☒
2. Der Kartoffelsalat ist lecker.	☒	☐
3. Herr Marks trinkt ein Glas Wein.	☐	☒
4. Thomas holt eine Flasche Apfelsaft.	☐	☒

4 Welche Imperativsätze passen zu welcher Situation? Ordnen Sie zu.

1. _d_ Sie möchten ein Würstchen.
2. ☐ Es gibt kein Wasser mehr.
3. ☐ Sie brauchen Gläser.
4. ☐ Es gibt noch Salat.

a) Nehmt doch noch Salat!
b) Bring auch bitte noch Gläser mit!
c) Hol doch bitte eine Flasche Wasser!
d) Geben Sie mir bitte ein Würstchen!

5 a) Lesen Sie den Dialog noch einmal und unterstreichen Sie die Verbformen zu den folgenden Infinitiven: *geben, nehmen, aufpassen, essen, holen, mitbringen.*

b) Ergänzen Sie den Imperativ des Verbs *nehmen*. Machen Sie für die übrigen Verben aus a) eine Tabelle in Ihrem Heft.

☞ 107

Infinitiv: nehmen		
2. Person Singular	*2. Person Plural*	*Sie-Form*
du nimmst	ihr nehmt	Sie nehmen
Imperativ nimm _____	_____	_____

c) Sehen Sie sich die Imperativsätze im Dialog und in Aufgabe 4 an. Wo steht das Verb? Was passiert in der Sie-Form?

6 Ergänzen Sie mit den Imperativformen

a) in der 2. Person Singular.

1. _____ (gehen) bitte zum Bäcker!

2. _____ (essen) nicht so viel!

3. _____ (nehmen) noch Salat!

4. _____ (fahren) nicht so schnell!

b) in der Sie-Form.

5. _____ (nehmen) noch ein Stück Kuchen!

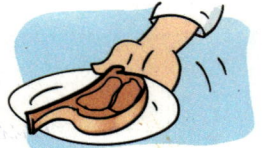

7. _____ (probieren) auch das Lammfleisch!

6. _____ (geben) mir bitte den Zucker!

8. _____ (kommen) gut nach Hause!

7 **a)** Notieren Sie zu jedem Bild den passenden Satz aus dem Dialog auf Seite 70.

Ich kann _____   Ich muss _____

b) Unterstreichen Sie das konjugierte Verb und den Infinitiv.
Wo stehen die Verben im Satz?

c) Tragen Sie folgenden Satz in das Satzschema ein:
Er kann Tennis spielen.

⬭▭⬭▭⬭▭⬭▭⬭ .

 **8** Schreiben Sie Sätze.

1. du – kaufen – noch Getränke – musst

   _____

2. gut Fußball – kann – spielen – er

   _____

3. machen – einen – Salat – ihr – könnt

   _____

4. ein – Grillfest – wollen – wir – machen

   _____

5. leider – kommen – nicht – können – wir

   _____

6. ein Foto – Sie – mitbringen – müssen

   _____

7. müssen – zu Hause – wir – bleiben

   _____

8. ich – gehen – ins Kino – will – am Samstag

   _____

9 Ergänzen Sie die Tabelle.   ☞ 107

	können	müssen	wollen
ich			
du	kannst		willst
er/sie/es		muss	will
wir			
ihr		müsst	wollt
sie/Sie	können		

D Essen in Deutschland

Sehen Sie sich die
Fotos an und ordnen
Sie die Begriffe zu.

Frühstück

Mittagessen

Abendessen

Kaffee und Kuchen

Imbiss

Kantine

2 Familie Menke. Lesen Sie den Text und beantworten Sie die Fragen.

1. Was isst und trinkt die Familie zum Frühstück und zum Abendessen?
2. Was mögen die Kinder zum Mittagessen? Wo isst Herr Menke?
3. Wann und mit wem gibt es Kaffee und Kuchen?

7.00 Uhr. Familie Menke frühstückt. Herr Menke isst ein Brot mit Käse oder
Wurst. Frau Menke mag Toast mit Marmelade oder Honig. Sie trinken
Kaffee. Daniel, 10 Jahre alt, isst Cornflakes und trinkt Kakao. Seine Schwester
Claudia, 14 Jahre alt, isst Müsli mit Obst und trinkt Tee.

13.00 Uhr. Frau Menke kocht das Mittagessen. Nach der Schule haben die
Kinder großen Hunger. Sie essen gern Spaghetti mit Tomatensauce oder
Hühnchen mit Reis und Gemüse. Es gibt einen kleinen Salat und zum Nachtisch einen Joghurt. Manchmal gibt es auch ein Eis. Herr Menke isst mittags
in der Kantine oder eine Kleinigkeit an einem Imbiss.

19.30 Uhr. Zum Abendessen gibt es Brot, eine Käse- und Wurstplatte, Tomaten und Gurken, manchmal auch eine Dose Fisch. Herr Menke trinkt gern
ein Bier, seine Frau Früchtetee und die Kinder Apfelsaft und Mineralwasser.

Sonntag, 15 Uhr. Am Sonntagnachmittag kommen manchmal Oma und
Opa zu Besuch. Dann gibt es Kaffee und Kuchen. Opa und Daniel mögen
am liebsten Erdbeerkuchen mit viel Sahne.

 **3 Machen Sie mit Ihrem Partner / Ihrer Partnerin ein Interview.
Was isst er/sie zum Frühstück, zum Mittagessen und zum Abendessen?
Erzählen Sie im Kurs.**

 4 Was isst man in Ihrem Land zum Frühstück, Mittagessen und Abendessen?

E Wir gehen essen!

1 **a) Essen gehen in Deutschland. Sehen Sie sich die Fotos an.
Sammeln Sie Länder und typische Gerichte.**

**b) Welches Gericht ist typisch für Ihr Land?
Arbeiten Sie in Gruppen und erzählen
Sie im Kurs.**

> Ich komme aus Russland.
> Wir essen gern Piroggen.

2 **Hören Sie den Dialog.**

a) Was essen der Mann und die Frau?

b) Was trinken der Mann und die Frau?

+ Guten Tag. Sie wünschen?
– Ich hätte gern die Lammkoteletts mit
  Bohnen und Salat.
+ Möchten Sie eine Vorspeise?
– Nein, danke.
+ Und was möchten Sie trinken?
– Ein Bier, bitte.
+ Und was hätten Sie gern?
△ Ich nehme als Vorspeise eine Tomaten-
  suppe und dann die Forelle mit Salzkartoffeln und Salat.
+ Und zu trinken?
△ Bringen Sie mir ein Glas trockenen Weißwein und ein Mineralwasser, bitte.

3 Lesen Sie den Dialog und ergänzen Sie die Tabelle in Ihrem Heft.

nach den Wünschen fragen	etwas bestellen
Sie wünschen?	Ich hätte gern ...

4 Sehen Sie sich die Speisen und Getränke an und schreiben Sie zu dritt einen Dialog. Spielen Sie ihn vor. Die anderen notieren, was Sie bestellen. ⌁⟩⟩ 96

Schweinebraten
mit Klößen und Rotkohl

Kassler mit
Sauerkraut und Kartoffeln

ein Glas Weißwein

ein Eis mit Sahne

ein Glas Orangensaft

ein Glas Bier

Hähnchen
mit Pommes

Spaghetti mit
Meeresfrüchten

Pizza Thunfisch

Rote Grütze

ein Glas
Mineralwasser

5 Hören Sie den Dialog und kreuzen Sie an.

1. Die Gäste zahlen
a) ☐ getrennt.
b) ☐ zusammen.

2. Die Lammkoteletts kosten
a) ☐ 13,30 €.
b) ☐ 13,50 €.

3. Das Bier kostet
a) ☐ 5,50 €.
b) ☐ 5,70 €.

4. Die Gäste geben
a) ☐ 2 € Trinkgeld.
b) ☐ 3 € Trinkgeld.

Vielen Dank.

Machen Sie
45 € bitte.

1   **Ergänzen Sie auf dem Einkaufszettel die Menge oder Verpackung.**

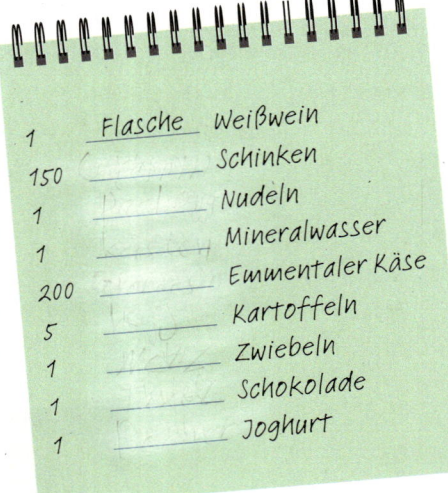

1	_Flasche_	Weißwein
150		Schinken
1		Nudeln
1		Mineralwasser
200		Emmentaler Käse
5		Kartoffeln
1		Zwiebeln
1		Schokolade
1		Joghurt

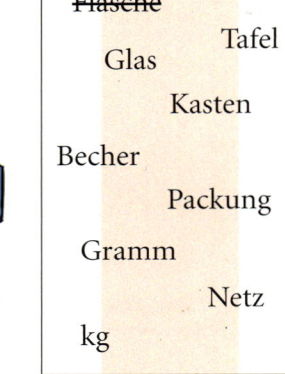

~~Flasche~~

Tafel
Glas
Kasten
Becher
Packung
Gramm
Netz
kg

2   **Bringen Sie den Dialog in die richtige Reihenfolge.**
Kontrollieren Sie mit der CD.

- ☐ + Das ist alles, danke. Was macht das?
- ☐ – Die Erdbeeren sind heute im Angebot. Ein Kilo kostet nur 2 €.
- ☐ + Auf Wiedersehen!
- ☐ – Ein Kilo Auberginen. Und außerdem?
- ☐ + Guten Tag! Ich hätte gern ein Kilo Auberginen.
- ☐ – Und 50 Cent zurück. Vielen Dank. Auf Wiedersehen!
- ☐ + Wie viel kosten die Erdbeeren?
- ☐ – Gern. Haben Sie noch einen Wunsch?
- ☐ + Nein, tut mir Leid. Ich gebe Ihnen 7 €.
- ☐ 1 – Guten Tag! Was darf es sein?
- ☐ + Dann nehme ich bitte zwei Kilo.
- ☐ – Zwei Kilo Erdbeeren 4 € und das Kilo Auberginen 2,50 €.
  6,50 €, bitte. Haben Sie es passend?

3   **Hören Sie zu und notieren Sie die Preise.**

Preis 1: _____   Preis 4: _____   Preis 7: _____

Preis 2: _____   Preis 5: _____   Preis 8: _____

Preis 3: _____   Preis 6: _____   Preis 9: _____

4 Ergänzen Sie *können* oder *müssen*.

1. Morgen haben wir ein Grillfest. Wir _____ noch viel einkaufen.
2. Ich habe heute Zeit. Du _____ mich gern besuchen.
3. Sein Auto ist kaputt. Er _____ es reparieren.
4. Mahmud _____ um 8 Uhr in der Schule sein.
5. Leider _____ ich nicht kommen. Ich _____ nach Dresden fahren.

5 Ergänzen Sie die passende Antwort auf die Fragen des Kellners.

Zusammen, bitte. – Ja, ich nehme eine Zwiebelsuppe. –
Ich hätte gern ein Steak mit Pommes frites. – Ein Bier, bitte.

1. Was hätten Sie gern?

   _____

2. Möchten Sie eine Vorspeise?

   _____

3. Was möchten Sie trinken?

   _____

4. Zahlen Sie getrennt oder zusammen?

   _____

6 Projekt Kursfeier: Planen Sie im Kurs eine Feier mit Getränken und Gerichten aus der Heimat. Sammeln Sie Ideen an der Tafel (Wann? Wo? Wer macht was? Musik? Spiele? ...). Ein Kurssprecherduo verteilt die Aufgaben. „Viel Spaß beim Feiern!" wünscht *Pluspunkt Deutsch*.

A1 Wie geht es Ihnen?

1 **Wo ist das? Betrachten Sie das Bild. Kennen Sie die Situation?**

2 **Ordnen Sie die Sätze zu.**

1. ☐ Mein Knie tut weh!
2. ☐ Mir ist schlecht.
3. ☐ Ich habe Fieber und Halsschmerzen.
4. ☐ Oh – mein Kopf. Er tut so weh!
5. ☐ Ich habe Rückenschmerzen. Was haben Sie?

3 **Ergänzen Sie die Namen der Körperteile.**

das Auge

4 Sehen Sie sich die Bilder an. Fragen Sie sich gegenseitig und antworten Sie.

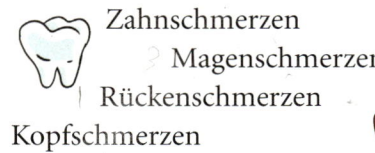

Zahnschmerzen	Mir tut der Arm weh.
Magenschmerzen	Mir tun die Augen weh.
Rückenschmerzen	Mir tun die Füße weh.
Kopfschmerzen	

> Was tut dir weh?
>
> Ich habe Rücken-schmerzen.

 1

 2

 3

 4

 5

 6

 7

5 Hören Sie zu und ergänzen Sie den Dialog.

geht – hast – schlecht – Fieber – krank – Arzt – tut – ~~Kopfschmerzen~~

> Ich bin krank!

+ Wie geht es dir?
– Nicht gut, ich fühle mich _____.
+ Was _____ du?
– Ich habe _Kopfschmerzen_ . Mein Hals _____ auch weh.
+ Du bist ganz heiß. Du hast bestimmt _____. Geh doch
  zum _____.
– Oh nein. Es _____ mir schon besser!
+ Dann bist du auch nicht _____!

A2   Eine Entschuldigung für die Schule

1 Hören Sie den Dialog. Beantworten Sie die Fragen.

1. Was tut Nana weh?

_____

2. Was macht die Mutter für Nana?

_____

3. Was nimmt Stanislav mit zur Schule?

_____

2 **Lesen Sie den Text. Sind Ihre Antworten in Aufgabe 1 richtig?**

Mutter: Nana, was ist los? Du musst aufstehen. Es ist sieben Uhr!

Nana: Ich bin krank, Mami! Mein Hals tut weh.

Mutter: Mmmh, dein Kopf ist ganz heiß. Wir müssen Fieber messen. Du bleibst heute zu Hause. Ich mache dir jetzt einen Tee und später gehen wir zum Arzt. Möchtest du sonst noch etwas, mein Schatz?

Nana: Ja, gibst du mir bitte meinen Teddy?

Mutter: Natürlich.

Stanislav: Was hat Nana?

Mutter: Sie ist krank. Vielleicht sind es die Masern. Ich schreibe ihr eine Entschuldigung und du nimmst sie mit und gibst sie dem Klassenlehrer.

Stanislav: Okay, ich gebe sie ihm. Wir haben heute Deutsch bei ihm.

Mutter: Gut, geh schon in die Küche. Ich mache euch gleich Frühstück.

Stanislav: Gute Besserung, Schwesterchen!

Nana: Danke.

Mutter: Ich hole das Fieberthermometer. Und dann lese ich dir etwas vor, ja?

Nana: Au ja …

3 **Welche Kinderkrankheiten kennen Sie noch? Sammeln Sie mit dem Wörterbuch.**

4 **Ergänzen Sie die Entschuldigung für die Schule.**

Nana – entschuldigen – Tochter – Grüßen – nicht

Stuttgart, den …

Sehr geehrter Herr Nolte,

meine _____ Nana kann heute leider _____ kommen.
Sie hat Fieber. Bitte _____ Sie das Fehlen von _Nana_.

Mit freundlichen _____

Edith Krawietz

► Fehlt ein Kind drei Tage oder länger, braucht man eine Bescheinigung vom Kinderarzt!

5 **Ihr Kind kann nicht schlafen, hat Schmerzen oder eine Krankheit. Was machen Sie? Erzählen Sie.**

Fieber messen

Tee kochen / Apfelsaft bringen

Suppe kochen

kalte Wickel machen

eine Geschichte vorlesen

Medikamente geben

Schokolade kaufen

6 **Lesen Sie noch einmal den Text von Aufgabe 2 und unterstreichen Sie:**

mir – dir – ihr – ihm – euch

7 **Ergänzen Sie die Personalpronomen.**

☞ 108

		Nominativ	Akkusativ	Dativ
Singular	*1. Person*	ich	mich	**mir**
	2. Person	du	___	___
	3. Person	___/sie/	ihn/___/es	___/**ihr**/**ihm**
Plural	*1. Person*	wir	uns	**uns**
	2. Person	___	euch	___
	3. Person	sie/Sie	sie/Sie	**ihnen**/**Ihnen**

8 **Ergänzen Sie die Regel.**

Nach dem Dativ fragt man mit *wem:* Wem bringt die Mutter den Tee?

Die Mutter bringt **ihr** den Tee .

Nominativ   Verb   Dativ Akkusativ

In einem Satz mit Dativ- und Akkusativergänzung steht die Person (meistens) im _____ und die Sache im _____ .

9 **Ergänzen Sie die Sätze.**

dir – euch – mir – ihr – ihnen – ~~Ihnen~~ – ~~uns~~ – ihm

1. Warten Sie, ich helfe
   Ihnen !

2. Sie ist krank. Er kauft
   _____ Medikamente.

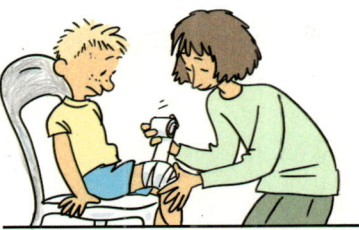

3. Seine Mutter macht
   _____ einen Verband.

4. + Bringst du _____
   jetzt einen Tee, Mami?
   – Ja, mein Schatz, ich
   bringe _____ einen Tee.

5. + Mama! Bringst du
   uns Schokolade mit?
   – Nein, aber ich bringe
   _____ ein Spiel mit.

6. Meine Kinder sind krank.
   Sie haben Grippe. Ich hole
   _____ Hustensaft.

B1 Gesundheit in Deutschland

1 Welches Bild passt zu welchem Text? Ordnen Sie zu.

1. ☐ Das ist eine Versichertenkarte. Man braucht sie für den Besuch beim Arzt.

2. ☐ Der Arzt gibt mir eine Krankschreibung. Das Original schickt man an seine Krankenkasse. Die Kopie ist für den Arbeitgeber oder die Schule.

3. ☐ Der Hausarzt schreibt eine Überweisung für das Krankenhaus oder den Facharzt.

4. ☐ Für viele Medikamente braucht man ein Rezept vom Arzt. Mit dem Rezept geht man in die Apotheke.

5. ☐ Das Arztschild informiert über die Sprechzeiten und die Telefonnummer. Man kann anrufen und einen Termin vereinbaren.

2 Was ist richtig? Kreuzen Sie an. Korrigieren Sie die falschen Aussagen.

	richtig	falsch
1. Mit einer Versichertenkarte kann ich einen Arzt anrufen.	☐	☒
2. Die Rezepte gebe ich der Krankenkasse.	☐	☒
3. Ein Arztschild informiert über Sprechzeiten und Telefonnummer.	☒	☐
4. Die Krankschreibung schickt man an die Krankenkasse.	☒	☐
5. Für den Facharzt und das Krankenhaus brauche ich eine Überweisung.	☒	☐

3 Machen Sie ein Wörternetz zum Thema *Arzt*.

Krankenkasse — Rezept — Arzt — Versichertenkarte — Sprechzeiten

4 Haben Sie eine Versichertenkarte? Wie heißt Ihre Versicherung?

1 a) Hören Sie zu. Was hat Herr Hristov?

Ärztin: Guten Tag, Herr Hristov. Was fehlt Ihnen denn?

Herr Hristov: Ich habe Husten und Halsschmerzen. Mein Kopf tut weh und ich bin immer müde.

Ärztin: Seit wann geht das schon so?

Herr Hristov: Seit Sonntag.

Ärztin: Ja, dann wollen wir mal sehen. Machen Sie bitte den Oberkörper frei. Atmen Sie langsam ein und aus. – Sie haben eine Erkältung. Ich schreibe Ihnen ein Rezept für Schmerztabletten und Hustensaft. Trinken Sie viel, am besten Kräutertee, und nehmen Sie täglich einen Löffel Vitamin C.

Herr Hristov: Darf ich rauchen?

Ärztin: Auf keinen Fall! Trinken Sie auch keinen Alkohol und treiben Sie keinen Sport. Nehmen Sie ein heißes Bad und schlafen Sie viel.

Herr Hristov: Ich brauche eine Krankschreibung für mein Büro.

Ärztin: Ich schreibe Sie bis Freitag krank.

Herr Hristov: Vielen Dank, Frau Doktor.

Ärztin: Auf Wiedersehen und gute Besserung!

b) Lesen Sie den Text. Schreiben Sie eine Tabelle.

Was hat Herr Hristov?	Was schlägt die Ärztin vor?
Husten	Schmerztabletten

2 Was sagt die Ärztin? Ergänzen Sie die Tabelle und schreiben Sie Sätze. ☞ 108

Ja: Er soll viel Kräutertee trinken.
Er soll …

Nein: Er darf nicht rauchen.
Er darf keinen Alkohol trinken.

3 Sie sind die Ärztin / der Arzt. Was sollen die Leute tun? Was dürfen sie nicht?

1. Herr Demirel hat einen Gemüseladen. Er hat Rückenschmerzen.
2. Frau Yildirim hat starke Kopfschmerzen. Auch ihre Augen tun weh.
3. Tamara hat am Montag eine Prüfung. Sie hat Bauchschmerzen.

Er/Sie soll … / darf nicht … / darf kein(e) …

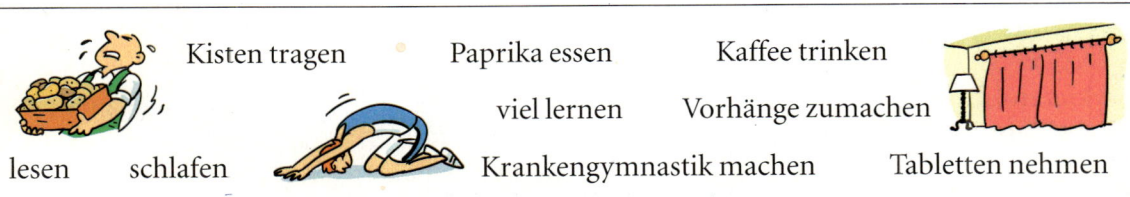

Kisten tragen   Paprika essen   Kaffee trinken

viel lernen   Vorhänge zumachen

lesen   schlafen   Krankengymnastik machen   Tabletten nehmen

1 Sehen Sie sich die Bilder an. Bringen Sie den Text in die richtige Reihenfolge.

1. Die nächsten Tage sind nicht schlecht. Herr Marks hat ein schönes Zimmer und bekommt Besuch von seiner Frau und den Kindern. Sein Bettnachbar ist ein Ingenieur aus dem Iran und heißt Ali.

2. Nach zehn Tagen darf Herr Marks nach Hause. Seine Frau holt ihn mit dem Auto vom Krankenhaus ab. Da kommt er schon mit dem Koffer aus der Tür. Doreen hilft ihm. „Geht es dir auch wirklich gut?" fragt sie ihn. „Natürlich!" antwortet er ihr. „Mir geht es schon viel besser."

3. Dort sagen die Ärzte: „Wir operieren noch heute!" Nach der Operation wacht Herr Marks aus der Narkose auf und fragt: „Ist schon alles vorbei?" Die Krankenschwester lacht: „Ja, so schnell ist der Blinddarm weg!" Der Chefarzt kommt zur Visite und erklärt die Behandlung.

4. Es ist Dienstag und Herr Marks arbeitet. Plötzlich bekommt er starke Bauchschmerzen. Ein Kollege fährt ihn vom Büro zum Arzt. Der Hausarzt sagt ihm: „Sie haben eine Blinddarmentzündung." Mit dem Taxi geht es schnell zum Krankenhaus.

2 Hören Sie den Text. Beantworten Sie nach jedem Abschnitt eine Frage.

1. Was hat Herr Marks?
2. Wann operieren ihn die Ärzte?
3. Wer liegt in seinem Zimmer und wer besucht ihn?
4. Wann darf er nach Hause?

3 Unterstreichen Sie im Text alle Wörter zum Thema *Krankenhaus.* Machen Sie ein Wörternetz.

Operation

Krankenhaus

Betnachbar

Blinddarmentzündung

4 Markieren Sie im Text Ergänzungen mit *von, aus* und *mit.* Achten Sie auf den Artikel.

Seine Frau holt ihn mit dem Auto vom

Nach *von, aus* und *mit* steht der Dativ. Es sind Präpositionen.

5 Ergänzen Sie den bestimmten Artikel.

☞ 109

	Nominativ	Akkusativ	Dativ
maskulin	der Koffer	_____ Koffer	mit *dem* Koffer
feminin	die Tür	*die* Tür	aus _____ Tür
neutral	das Auto	_____ Auto	mit _____ Auto

C2 Präpositionen mit Dativ

1 Sehen Sie sich die Tabelle an und ergänzen Sie die Sätze mit dem Dativ.

	Nominativ	Präposition mit Dativ
maskulin	der Arzt	Er fährt ihn **zum** Arzt.
feminin	die Visite	Der Arzt kommt **zur** Visite.
neutral	das Krankenhaus	Er fährt **zum** Krankenhaus.

zu de**m** → zu**m**
zu de**r** → zu**r**

1. Er fährt zu *r* _____ *Arbeit* _____ . (die Arbeit)
2. Er fährt mit _____ _____ .
   (der Zug)
3. Bei _____ _____ geht alles gut.
   (die Prüfung)
4. Stanislav kommt aus _____ _____ .
   (die Schule)
5. Sie kommt zu _____ _____ .
   (das Essen)
6. Nana isst die Suppe mit _____ _____ .
   (der Löffel)

Lerntipp:

Von *Ausbeimit* nach *Vonseitzu* fährst immer mit dem Dativ du.

2 Ergänzen Sie die Präpositionen. ◉» 98

~~von~~ – zu (zum/zur) – aus – nach – ~~mit~~ – bei

Woher? → aus/von
Wo? → bei
Wohin? → zu/nach

1. Der Student Firas kommt _____ dem Libanon.
2. Yussuf geht morgen _____ Ärztin.
3. Keine Angst, ich gehe _____ *mit* dir _____ Arzt.
4. Ich bin am Wochenende _____ meinem Bruder.
5. Morgen muss Annett Roth _nach_ München zurückfahren.
6. _von_ dir _____ mir gehe ich 10 Minuten.
7. Kommst du auch _____ Feier von Yussuf?
8. Heute gehe ich nicht _aus_ dem Haus.
9. Fährst du _____ mir _____ Paris?

3 a) Schreiben Sie Sätze wie im Beispiel. Wo sind die Leute?

Beispiel:
Frau Marks ist beim Bäcker.

Frau Marks

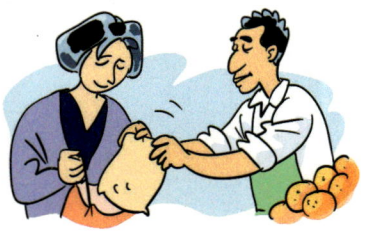
Herr Marks

Michael

Tatjana

Frau Yildirim

b) Hören Sie zu. Sind Ihre Sätze richtig?

bei de**m** → bei**m**

4 Schreiben Sie Sätze mit dem unbestimmten Artikel im Dativ.

☞ 109

	Nominativ	Präposition	mit Dativ
maskulin	ein Freund	→ Er geht **zu**	ein**em** Freund.
feminin	eine Stunde	→ Er wartet **seit**	eine**r** Stunde.
neutral	ein Spiel	→ Er ist **bei**	ein**em** Spiel.

zu de**m** Freund
mit de**r** Freundin
bei de**m** Spiel

Beispiel:
Mahmud wartet / seit / eine Stunde → Mahmud wartet seit eine**r** Stunde.

1. Wir fahren / zu / ein Fußballspiel
2. Ich bin krank / seit / ein Tag
3. Sie spielt / mit / ein Teddy
4. Sie sind / bei / eine Freundin

D Leben Sie gesund?

1 Was tun Sie wie oft? Fragen Sie auch Ihren Partner / Ihre Partnerin. Kreuzen Sie an.

A = ich / B = Partner/in	täglich		oft		manchmal		selten		nie	
	A	B	A	B	A	B	A	B	A	B
1. Treppen steigen	☒	☒	☐	☐	☐	☐	☐	☐	☐	☐
2. rauchen	☒	☐	☐	☐	☐	☐	☐	☐	☐	☐
3. Fahrrad fahren	☐	☐	☒	☐	☐	☐	☐	☒	☐	☐
4. Süßigkeiten essen	☐	☐	☒	☐	☐	☐	☐	☐	☐	☐
5. Sport treiben	☐	☐	☐	☐	☒	☒	☐	☐	☐	☐
6. fernsehen	☐	☐	☐	☐	☒	☒	☐	☐	☐	☐
7. Obst und Gemüse essen	☐	☒	☒	☐	☐	☐	☐	☐	☐	☐
8. Alkohol trinken	☐	☐	☐	☐	☒	☒	☐	☐	☐	☐

2 Erzählen Sie im Kurs.

> Ich steige täglich Treppen.

> Er/Sie steigt oft …

☞ 109

3 **a)** **Werten Sie den Test aus. Lesen Sie Ihr Ergebnis. Wie finden Sie es?**

Meine Punktzahl: _____ 12 ____ .

0 bis 9 Punkte: Sie müssen etwas für Ihre Gesundheit tun. Essen Sie mehr Obst und Gemüse. Rauchen Sie weniger. Sehen Sie weniger fern. Treiben Sie Sport.

10 bis 18 Punkte: Schon ganz gut. Aber Sie können noch mehr tun! Fahren Sie so oft wie möglich mit dem Fahrrad. Oder joggen Sie ein- oder zweimal die Woche eine halbe Stunde. Sie können auch in einer Gruppe Sport treiben. Möchten Sie nicht tanzen oder einen Kurs besuchen? Oder spielen Sie mit Freunden Fußball.

19 bis 32 Punkte: Sie sind fit! Bleiben Sie so gesund. Aber Vorsicht: Übertreiben Sie nicht! Machen Sie auch mal eine Pause. Trinken Sie viel Wasser. Und helfen Sie Ihren Freunden. Bilden Sie eine Sportgruppe. Oder kochen (und essen) Sie zusammen.

Frage 1, 3, 5, 7:	
täglich	= 4 Punkte
oft	= 3 Punkte
manchmal	= 2 Punkte
selten	= 1 Punkt
nie	= 0 Punkte

Frage 2, 4, 6, 8:	
täglich	= 0 Punkte
oft	= 1 Punkt
manchmal	= 2 Punkte
selten	= 3 Punkte
nie	= 4 Punkte

b) **Markieren Sie die Imperative.**

Essen Sie mehr Obst und Gemüse.

4 **Was sollen Sie tun? Erzählen Sie.**

Beispiel: Ich soll mehr Obst und Gemüse essen.

	mehr	trinken.
	weniger	rauchen.
	viel	(Obst und Gemüse) essen.
Ich soll	einmal die Woche	eine Sportgruppe bilden.
	mit Freunden zusammen	joggen.
	so oft wie möglich	…

5 **Was sollen Sie tun? Diskutieren Sie im Kurs.**

> Ich bin gesund. Auch ohne Sport.

> Alles Quatsch. Die Deutschen übertreiben.

> Joggen ist doch peinlich.

> Für mich ist das Thema Gesundheit sehr wichtig.

1   **Ergänzen Sie die Namen der Körperteile.**

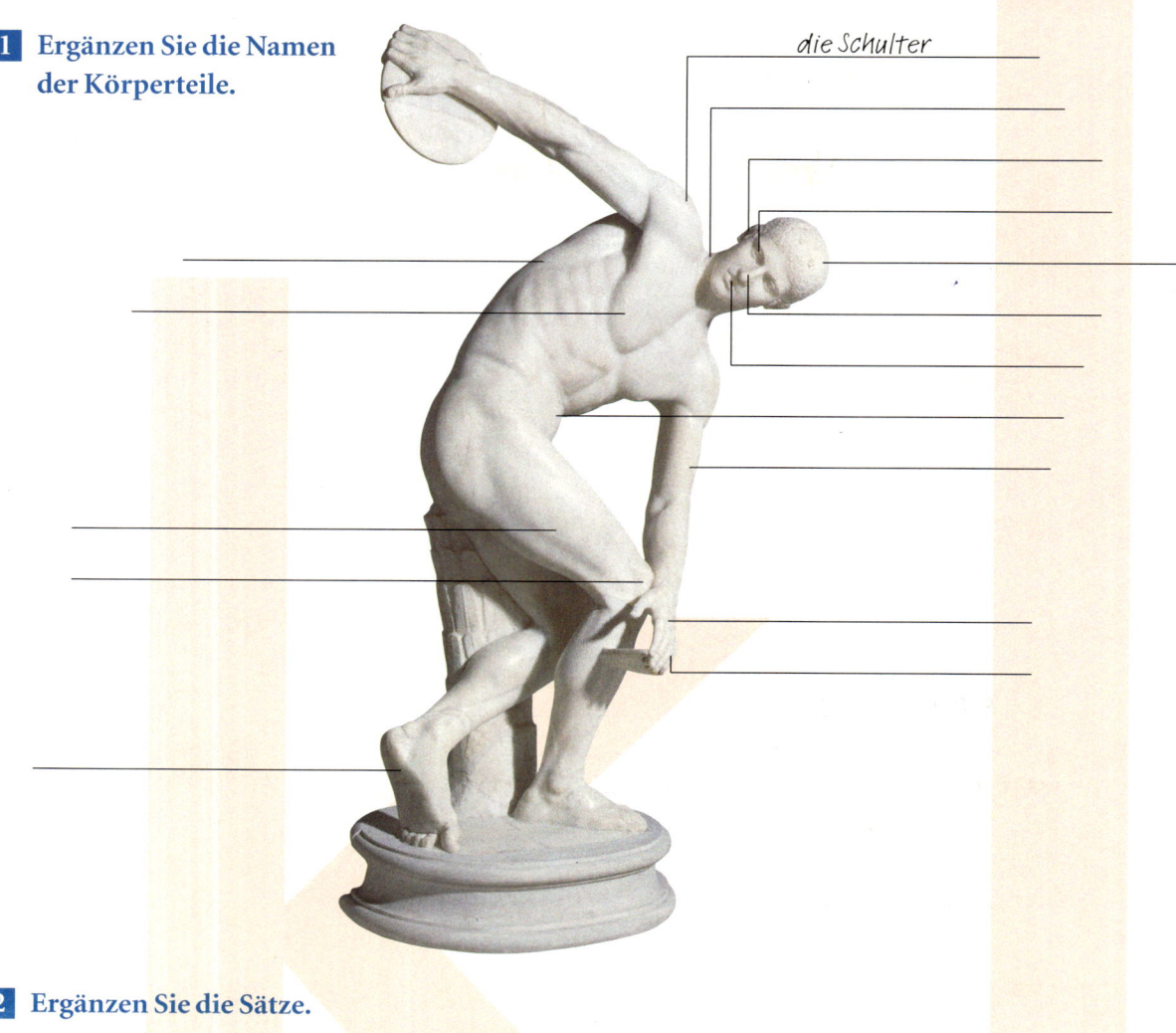

die Schulter

2   **Ergänzen Sie die Sätze.**

1. Wie _____ geht _____ es dir?
2. Leider _____ so gut. Ich glaube, ich bin _____ .
3. Kann ich dir _____ ?
4. Danke, gern. Ich brauche Schmerz_____ aus der _____ .
5. Gut, ich hole sie. Ich _____ dir auch eine Zeitung mit.

3   **Ergänzen Sie die Sätze.**

~~mir~~ – dir – ihm – ihr – uns – euch

1. + Gibst du _____ mir _____ das Buch? – Nein, ich kann es _____ noch nicht geben.
2. Mein Bruder liegt mit Halsschmerzen im Bett. Ich bringe _____ einen Tee.
3. Meine Tochter liebt Süßigkeiten. Ich kaufe _____ Schokolade.
4. + Wir haben eine neue Wohnung. Samstag ziehen wir um. – Ich helfe _____ .
5. Mama, bringst du _____ was mit? Wir räumen auch das Zimmer auf.

4 **Fragen und antworten Sie im Kurs.**

Wie geht es Tamara?

Es geht ihr gut.

mir – dir – ihm – ihr –
Ihnen – uns – euch – ihnen

Wie geht es Tamara und Karim?

5 **Ergänzen Sie die Sätze.**

zum – bei – Nach – aus – seit – Beim – zur – mit – ~~nach~~

Kristin kommt _____ Potsdam. Heute muss sie _____ Arzt
gehen. Er ist ein Facharzt in Berlin. Kristin hat eine Augenkrankheit und
ist _____ zwei Jahren _____ ihm in Behandlung. Sie fährt
_____ der S-Bahn _*nach*_ Berlin. _____ Arzt muss
sie nicht lange warten, denn sie hat einen Termin. _____ der
Behandlung sagt er : „Es ist schon besser, aber kommen Sie in zwei
Wochen _____ Kontrolle.“

6 **Beim Arzt. Schreiben Sie einen Dialog. Spielen Sie ihn im Kurs.**

Arzt   Patient

Guten Tag! / fragen, was fehlt

       Schmerzen beschreiben

sagen, was tun

       fragen, wie lange

drei Tage krankschreiben

       Abschied

Abschied

7 *Mehr* **oder** *weniger?* **Ergänzen Sie die Sätze.**

Mein Arzt sagt, ich soll _*mehr*_ Sport treiben und _____
arbeiten. Ich soll auch _____ Kaffee trinken und _____
Süßigkeiten essen.
Aber mein Chef sagt, ich soll _____ arbeiten. Dann habe ich
_____ Zeit und treibe keinen Sport. Ich trinke auch _____
Kaffee. Und zum Kaffee esse ich Kuchen!

2 Meine Stadt (I)

A Wichtige Adressen

1 Kennen Sie Ihre Stadt? Diese Adressen sind wichtig. Suchen Sie sie im Telefonbuch oder im Internet.

	Adresse + Tel.-Nr.
Notaufnahme	Martin-Luther-Str. 22 Notruf: 112

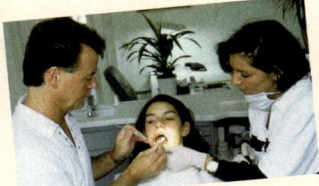
Zahnarzt

Stadtbücherei

Volkshochschule

Notaufnahme

Postamt

Rathaus

Polizeidienststelle

B Ich brauche einen Arzt

1 Ordnen Sie zu.

> **Dr. med. Annette Mätzer**
> praktische Hausärztin
>
> Mo, Di, Do 10–13 u. 14–18 Uhr
> Mi. + Fr. 10–14 Uhr
> Tel.: 626 65 45
>
> 1

> Innere Medizin, Kardiologie
> **Dr. med. Lutz Pannier**
>
> Mo.–Fr. 9–12
> Mo. u. Do. 14–16 Uhr
> Tel.: 55 66 78 94
>
> 2

> **Dr. med. B. Sendler**
> Augenärztin
>
> Sehschule und Kontaktlinsen
>
> Mo, Di, Do 10–13 u. 14–18 Uhr
> Mi. + Fr. 9–13 Uhr
> alle Kassen
>
> 3

- [ ] Ich brauche eine Brille.
- [ ] Ich habe Magenschmerzen.
- [ ] Mein Sohn hat Fieber.
- [ ] Ich habe Zahnschmerzen.
- [ ] Mir geht es nicht gut.
  Vielleicht habe ich eine Grippe?

> **Dr. med. dent. A. Lange**
> Zahnarzt
>
> Mo.–Fr. 9–12,
> Mo. u. Do. 14–19 Uhr
> Tel.: 56 32 75 88
>
> 4

> **Dr. med. Andrea Frisch**
> *Fachärztin für Kinderheilkunde und Allergologie*
>
> Mo–Fr 10–12 u. 15–17 Uhr,
> Sa n. Vereinb.
>
> 5

C Projekt: Ein Essen planen

1 Bilden Sie Gruppen mit maximal vier Personen.
Planen Sie ein Essen. Sie müssen auf dem Markt
einkaufen. Beantworten Sie folgende Fragen.

1. Wie viel darf es kosten?
2. Was kochen wir?
3. Wo ist ein Wochenmarkt? An welchem Tag?

**KARTOFFELCURRY
MIT HÄHNCHEN**
Für 4 Personen

300 g vorwiegend fest kochende
Kartoffeln, je 1 rote und grüne
Paprika, 1 kl. Glas Maiskölbchen, 1 Zwiebel,
1 Knoblauchzehe, ½ Chilischote, 400 g Hähnchen-
brustfilet, 1 EL Öl, 150 ml Sahne, 200 ml Brühe

 2 Überlegen Sie, was Sie brauchen. Machen Sie eine Einkaufsliste.

1 Pfund Kartoffeln	ca. 1,–
2 Paprika (rot und grün)	ca. 1,80
1 Gl. Maiskölbchen	ca. 1,50
400 gr Hähnchenbrust	ca. 4,–
1 Zwiebel	ca. 0,50

 3 Auf dem Markt: Was kaufen Sie wo?
Was müssen Sie sagen?

Ort	Sätze
Gemüsestand	Ich hätte gern zwei Paprika …
Fleischstand	400 Gramm Hähnchenbrust, bitte.

4 Kaufen Sie zusammen auf dem Markt ein!
Und dann viel Spaß!

Anhang

Phonetik

Willkommen in Deutschland!

Der Wortakzent

1 Hören Sie zu und sprechen Sie nach.

der (Ta)-xi-fah-rer   die (Ärz)-tin   die Ver-(käu)-fe-rin   der (Kell)-ner

der (Tisch)-ler   der Ge-(schäfts)-mann   der Jour-na-(list)   die (Haus)-frau

2 a) Hören Sie die Wörter und markieren Sie den Wortakzent.

der Be-ruf   die Se-kre-tä-rin   der Au-to-me-cha-ni-ker

der Kran-ken-pfle-ger   der Bau-ar-bei-ter   der Pro-gram-mie-rer

die Fri-seu-rin   der In-ge-nieur   die Kran-ken-schwes-ter

b) Lesen Sie die Wörter und klatschen Sie den Wortakzent.

3 Welchen Beruf haben die Personen? Hören Sie zu und kreuzen Sie an.

☐ Sekre(tä)rin   ☐ Fri(seu)rin   ☐ (Bau)arbeiter   ☐ Inge(nieur)

☐ (Kran)kenschwester ☐ (Leh)rerin   ☐ Program(mie)rer   ☐ Ge(schäfts)mann

4 Was sage ich?

1. Programmierer – Krankenpfleger
2. Ingenieur – Geschäftsmann
3. Sekretärin – Bauarbeiter
4. Verkäuferin – Lehrerin

Beispiel:

Partner 1: lala (la) la

Partner 2: Das ist „Programmierer".

Partner 1: Richtig.

2 Alte Heimat – Neue Heimat

Das *e* in der Endung

1 a) Hören Sie zu und markieren Sie den Wortakzent.

kommen – ich komme
arbeiten – ich arbeite – du arbeitest – er arbeitet – wir arbeiten – ihr arbeitet – sie arbeiten
wohnen – ich wohne
leben – ich lebe

In der Endung sprechen wir das e schwach: kọmme, wọhnen.

b) Sprechen Sie.

+ Ich lebe und arbeite in Halle. Wo wohnen Sie?
– Ich wohne und arbeite in München.

Die Vokale *a, e, i, o, u*

1 a) Hören Sie zu und sprechen Sie nach.

a: die Tafel – die Lampe – fragen – arbeiten – machen
e: er – der Lehrer – das Heft – lernen – leben – sprechen – modern
i: ich bin – wir sind – hier – der Tisch
o: wo – schon – Willkommen – das Foto – der Koch – das Wort
u: du – der Junge – das Buch – der Beruf – die Schule – der Stuhl

b) Ergänzen Sie die Vokale *a, e, i, o, u* und kontrollieren Sie mit der CD.

S__ s_e_eht d_i_e W_o_hnung nach drei W_o_chen aus: W_i_r h_A_ben ein S_o_f_A_, _A_ber keine S_e_ssel. W_i_r h_A_ben einen Sp_i_egel, __ber kein R_e_g__l. W_i_r brauchen auch eine W_A_schm_A_sch_i_ne _u_nd einen F_e_rns_e_her. D_i_e s_i_nd teuer.

c) Hören Sie zu und sprechen Sie nach.

keine Sessel – ein Sofa, aber keine Sessel – Wir haben ein Sofa, aber keine Sessel.
kein Regal – einen Spiegel, aber kein Regal – Wir haben einen Spiegel, aber kein Regal.
einen Fernseher – eine Waschmaschine – eine Waschmaschine und einen Fernseher –
Wir brauchen auch eine Waschmaschine und einen Fernseher.

d) Lesen Sie den Text in b) laut vor.

Lange und kurze Vokale

 die Wohnung  das Zimmer

1 a) Hören Sie zu und sprechen Sie nach. Zeigen Sie mit der Hand.

lange Vokale: die Tafel – der Lehrer – der Brief – wohnen – das Buch
kurze Vokale: das Dach – das Fenster – der Tisch – kommen – der Junge

b) Hören Sie noch einmal und vergleichen Sie lang – kurz.

**2 a) Sind die Vokale lang oder kurz? Hören Sie zu und markieren Sie
die Vokale vom Wortakzent.**

Beispiel: die Wohnung – das Bett

das Badezimmer – das Schlafzimmer – die Lampe – die Kommode – der Sessel – der Schrank –
das Bild – das Dachgeschoss – das Obergeschoss – das Erdgeschoss – das Stockwerk –
die Nebenkosten – die Zentralheizung – Quadratmeter – die Anzeige – der Student – die Familie

b) Lesen Sie die Wörter und zeigen Sie die Vokale mit der Hand.

Kleine Texte zum Nachsprechen

1 a) Hören Sie zu und sprechen Sie nach.

Ich heiße Michael Mehler.
Ich komme aus Kiel.
Das ist eine Stadt in Norddeutschland.
Jetzt wohne ich in Berlin.
Ich habe drei Kinder, ein Mädchen und zwei Jungen.
Ich bin Arzt von Beruf.
Ich spreche Deutsch, Englisch und ein bisschen Französisch.

b) Ergänzen Sie den Text und lesen Sie ihn laut vor.

Ich heiße _____ . Ich komme aus _____ . Das liegt in _____ .

Jetzt _____ . Ich bin _____ von Beruf.

Ich spreche _____ und ein bisschen Deutsch.

Wortakzent bei trennbaren Verben

1 a) Hören Sie zu und markieren Sie den Wortakzent.

anfangen – aufhören – aufstehen – mitkommen – zurückfahren – aufräumen – fernsehen – einkaufen – mitbringen – einschlafen – ausgehen – vorhaben

Trennbare Verben: Der Wortakzent ist auf dem trennbaren Teil.

b) Hören Sie noch einmal und sprechen Sie nach.

2 Hören Sie zu und sprechen Sie nach.

anfangen → Ich fange an.   fernsehen → Ich sehe fern.   einkaufen → Ich kaufe ein.

Die Melodie der Satzfrage

1 Hören Sie zu und sprechen Sie nach.

Hast du heute Abend Zeit?

Gehen wir am Samstag ins Kino?

2 Üben Sie mit Ihrem Partner / Ihrer Partnerin.

+ Brauchst du den Bleistift? – Nein, ich brauche ihn nicht.

den Füller – den Kugelschreiber – das Heft – das Lineal – das Wörterbuch – die Kreide – die Tasche – die Bücher – die Fotos

Die Vokale e – i und das lange e

1 a) e – i. Welches Wort hören Sie?

gebt – gibt	trefft – trifft	sprecht – spricht
nehmt – nimmt	vergesst – vergisst	lest – liest
esst – isst	seht – sieht	seht – sieht

b) Hören Sie beide Wörter. Sind die Vokale lang oder kurz? Markieren Sie.

2 Üben Sie das lange *e*. Hören Sie zu und sprechen Sie nach.

die Lehrerin – der Tee – das Problem – zehn – die Lebensmittel –
die Sehenswürdigkeit – das Café – lesen – nehmen – geben – reden –
sehen – verstehen – gehen

3 Hören Sie zu und sprechen Sie nach.

Wie geht es Ihnen?

Tee – nehme ich Tee – Im Café nehme ich Tee.

in Schweden – zehn Sehenswürdigkeiten in Schweden –
Wir sehen zehn Sehenswürdigkeiten in Schweden.

das Problem nicht – ich verstehe das Problem nicht –
Eva redet und redet, aber ich verstehe das Problem nicht.

4 Spielen Sie das Würfelspiel auf Seite 18 noch einmal mit folgenden Verben.

verstehen – gehen – lesen (er liest) – sehen (er sieht) – nehmen (er nimmt) – geben (er gibt)
essen – treffen

Lektion
5 Guten Appetit!

Die Umlaute *ä, ö, ü*

1 Der Umlaut *ä*

a) Hören Sie zu und sprechen Sie nach.

ihr fahrt – er fährt   der Satz – die Sätze   das Glas – die Gläser
ihr schlaft – er schläft   das Land – die Länder

b) Die Sekretärin kommt spät.
   Die Schränke sind hässlich.

2 Der Umlaut *ö*
Sprechen Sie ein langes *eeee* und machen Sie die Lippen rund:
eee ... ööö.

a) Hören Sie zu und sprechen Sie nach.

schön – hören – möchtest du – zwölf – Französisch – die Möbel –
die Wörter – können – der Friseur – der Ingenieur

Lerntipp: In *Ingenieur* und *Friseur* spricht man das *eu* wie ein *ö*.

b) Hören Sie noch einmal. Sind die Vokale lang oder kurz? Markieren Sie.

c) Hören Sie zu und sprechen Sie nach.

Die Möbel sind schön.
Bitte hören Sie!
Zwölf Töchter aus Köln sprechen Französisch.

3 Der Umlaut *ü*

Sprechen Sie ein langes *iii* und machen Sie die Lippen rund: *iii … üüü*.

a) Hören Sie zu und sprechen Sie nach.

süß – der Schüler – Türkisch – das Gemüse – der Schlüssel – Tschüss! –
morgen früh – natürlich – zurückfahren – frühstücken – Asylantrag

> **Lerntipp:** **Das *y* spricht man oft *ü*, z. B. in *Asylantrag*.**

b) Hören Sie noch einmal. Sind die Vokale lang oder kurz? Markieren Sie.

c) Hören Sie zu und sprechen Sie nach.

Das Baby, oh wie süß!
Tschüss, bis morgen früh!
In der Küche gibt es einen Kühlschrank, fünf Stühle und eine Spüle.

4 Punkte-Diktat

a) Hören Sie zu und ergänzen Sie. Wo fehlen die Punkte auf *a*, *o* und *u*?

Kellner: Sie wünschen?
Gast: Ich hätte gern fünf Gläser Orangensaft.
Kellner: Möchten Sie etwas essen?
Gast: Ja, ein Würstchen mit Gemüse für meine Frau, drei Hähnchen mit Pommes
für meine Töchter und ein Brot mit Käse für mich.
Kellner: Entschuldigung, können Sie das bitte wiederholen?
Gast: Ja, natürlich, ein Würstchen mit Gemüse, drei Hähnchen mit Pommes
und ein Brot mit Käse.
Kellner: Danke schön.

b) Hören Sie noch einmal und sprechen Sie nach.

c) Sprechen Sie den Dialog mit Ihrem Partner / Ihrer Partnerin.

Das *r*

Wenn wir mit Wasser gurgeln, entsteht das deutsche hintere *r*.
Ohne Wasser: Sprechen Sie ein kräftiges *g*, lösen Sie den Verschluss der Zunge langsam: *gch*.
Geben Sie jetzt Ihre Stimme zu (singen Sie), dann entsteht das hintere, gurgelnde *r*.

1 **Hören Sie zu und sprechen Sie nach.**

groß – grillen – das Grillfest – grün – krank – die Kreide –
dreißig Grad – die Adresse – trinken – treffen –
schreiben – fragen – die Frau – sprechen – die Sprache – die Straße –
nach Russland – einfach richtig – ach rosa – ach rot – der Rücken –
der Beruf – zurück – buchstabieren – die Bäckerei

Es ist noch kein Meister
vom Himmel gefallen.

2 **a) Hören Sie zu. Sie hören kein *r*, Sie hören ein schwaches *a*.**

das Fieber – die Schulter – besser – lieber – teuer – der – er – wer –
mir – dir – ihr – das Ohr – die Tür – das Jahr – die Uhr

b) Hören Sie noch einmal und sprechen Sie nach.

3 **Hören Sie zu und markieren Sie. Wo hören Sie ein *r*?**

mein Bruder – drei Kreditkarten – grüne Fahrräder – der Lehrer –
die Lehrerin – wir – das Rezept – ein Ohr – zwei Ohren – die Großeltern –
sehr gerne – leider nicht – Auf Wiedersehen – er fährt nach Berlin

> **Vor einem Vokal (am Silben- oder Wortanfang) sprechen wir ein *r*.
> Nach einem Vokal (am Silben- oder Wortende) sprechen wir ein
> schwaches *a*.**

4 **Hören Sie den Dialog beim Arzt (Seite 83) noch einmal.**

1. Wo hören Sie ein *r*? Markieren Sie.
2. Hören Sie und sprechen Sie nach.
3. Sie sind Herr Hristov. Hören Sie zu und antworten Sie.

5 **Zungenbrecher. Hören Sie zu und sprechen Sie nach.**

rosarote Rosen
ein großes Grillfest im Grünen
Wir fragen die Frau: Sprechen Sie Russisch?

Die Grammatik im Überblick

1 Willkommen in Deutschland!

A Die W-Frage

Frage	Antwort
Wer ist das?	Das ist Karim.
Wo wohnst du?	Ich wohne in Hamburg.
Wie heißt du?	Ich heiße Antonia.
Was bist du von Beruf?	Ich bin Lehrer.

B Berufsbezeichnungen

der Mann = maskulin (m)	die Frau = feminin (f)
der Programmierer	**die** Programmiere**rin**
der Lehrer	**die** Lehre**rin**
der Friseur	**die** Friseu**rin**

**Feminine Berufsbezeichnungen haben oft die Endung -in.
Ausnahmen: die Geschäftsfrau, die Krankenschwester, …**

C Verben

Wir markieren Verben so: Sie (kommt) aus Polen. Wie (heißt) du? Ich (bin) Frau Petter.

1 Der Infinitiv (komm) (en)

↑ ↑
der Stamm die Endung

2 Verben im Präsens

	frag-en
ich	frag-**e**
du	frag-**st**
er/sie/es	frag-**t**
wir	frag-**en**
ihr	frag-**t**
sie/Sie	frag-**en**

⚠

	antwor**t**-en	heiß-en
ich	antwort-**e**	heiß-**e**
du	antwort-**est**	heiß-**t**
er/sie/es	antwort-**et**	heiß-**t**
wir	antwort-**en**	heiß-**en**
ihr	antwort-**et**	heiß-**t**
sie/Sie	antwort-**en**	heiß-**en**

3 **Die Verben *sein* und *haben***

	sein	haben
ich	**bin**	**habe**
du	**bist**	**hast**
er/sie/es	**ist**	**hat**
wir	**sind**	**haben**
ihr	**seid**	**habt**
sie/Sie	**sind**	**haben**

D **Die Personalpronomen**

Personalpronomen im Nominativ	
ich	**Ich** bin aus Kurdistan.
du	Wer bist **du**?
er	Das ist Mohamed. **Er** ist Iraner.
sie	Das ist Anna. **Sie** ist Krankenschwester.
es	Das Baby heißt Maria. **Es** ist ein Mädchen.
wir	**Wir** sind eine Familie.
ihr	Sabrina und Mahmud, kommt **ihr** aus Deutschland?
sie	Der Mann ist Arzt. Die Frau ist auch Ärztin. **Sie** arbeiten im Krankenhaus.
Sie	Frau Yildirim, woher kommen **Sie**? Herr und Frau Brodsky, wo wohnen **Sie**?

⚠️

Person	+ Wo ist Mahmud?	– **Er** ist hier.
	+ Wo ist Sabrina?	– **Sie** ist auch hier.
⚠️	+ Wie heißt **das** Mädchen?	– **Es** heißt Tanja.
Sache	+ Wo ist **der** Mülleimer?	– **Er** ist im Klassenzimmer.
	+ Wo ist **die** Schule?	– **Sie** ist in Berlin.
	+ Wo ist **das** Heft?	– **Es** ist auf dem Tisch.

E **Das Nomen**

1 **Nomen haben einen Artikel. Es gibt drei Grundformen.**

maskulin	*feminin*	*neutral*
der Mann	**die** Frau	**das** Kind

2 **Die meisten Nomen haben Singularformen und Pluralformen.**

 der Stuhl    die Stühle

3 **Die wichtigsten Pluralendungen**

Endungen	Singular	Plural
-	der Lehrer	die Lehrer
-e	der Tisch	die Tisch**e**
-n	die Tafel	die Tafel**n**
-en	die Frau	die Frau**en**
-nen	die Freundin	die Freundin**nen**
-er	das Bild	die Bild**er**
-s	das Büro	die Büro**s**
-Umlaut (+ Endung)	das Buch	die B**ü**ch**er**
	der Stuhl	die St**ü**hl**e**
	der Vater	die V**ä**ter

Lerntipp: **Lernen Sie Nomen mit Artikel und auch im Plural!**
Der bestimmte Artikel im Plural ist immer *die*.

Lektion

2 **Alte Heimat – Neue Heimat**

B **Artikel im Nominativ und im Akkusativ**

1 **Es gibt im Deutschen unbestimmte und bestimmte Artikel.**

Das ist **ein** Stuhl.   **Der** Stuhl ist klein.

2 **Der Nominativ**

	bestimmter Artikel		unbestimmter Artikel
	Singular	*Plural*	*Singular*
maskulin	**der** Mann	**die** Männer	**ein** Mann
feminin	**die** Frau	**die** Frauen	**eine** Frau
neutral	**das** Kind	**die** Kinder	**ein** Kind

Der unbestimmte Artikel *ein* hat keinen Plural.

3 Der Akkusativ

	bestimmter Artikel		unbestimmter Artikel
	Singular	*Plural*	*Singular*
maskulin	**den** Mann	**die** Männer	**einen** Mann
feminin	**die** Frau	**die** Frauen	**eine** Frau
neutral	**das** Kind	**die** Kinder	**ein** Kind

Nominativ-Ergänzung	Verb	**Akkusativ**-Ergänzung
Ich	brauche	**den** Kugelschreiber .
Wir	haben	**einen** Tisch und vier Stühle .

Der bestimmte und unbestimmte Artikel ändert sich im Akkusativ nur bei maskulinen Nomen im Singular.

Das ist <u>ein</u> Stuhl. Ich brauche **einen** Stuhl. Das ist <u>der</u> Schrank. Ich brauche **den** Schrank.

Der Plural beim bestimmten Artikel ist im Nominativ und Akkusativ immer *die*.

B Die Negation mit *kein*

***Kein* funktioniert wie *ein*. Aber *kein* hat einen Plural.**

+ Ist das **ein** Bett? – Nein, das ist **kein** Bett.
+ Ist das **eine** Lampe. – Nein, das ist **keine** Lampe.
+ Ich brauche **einen** Fernseher. – Nein, du brauchst **keinen** Fernseher.
+ Brauchst du die Stühle? – Nein, ich brauche **keine** Stühle.

1 Nominativ

	Singular	Plural
maskulin	**kein** Mann	**keine** Männer
feminin	**keine** Frau	**keine** Frauen
neutral	**kein** Kind	**keine** Kinder

2 Akkusativ

	Singular	Plural
maskulin	**keinen** Mann	**keine** Männer
feminin	**keine** Frau	**keine** Frauen
neutral	**kein** Kind	**keine** Kinder

C Die Zahlen bis 100

in Ziffern	in Buchstaben	in Ziffern	in Buchstaben
0	null	20	zwanzig
1	eins	21	einundzwanzig
2	zwei	22	zweiundzwanzig
3	drei	23	dreiundzwanzig
4	vier	24	vierundzwanzig
5	fünf	25	fünfundzwanzig
6	sechs	26	sechsundzwanzig
7	sieben	27	siebenundzwanzig
8	acht	28	achtundzwanzig
9	neun	29	neunundzwanzig
10	zehn	30	dreißig
11	elf	40	vierzig
12	zwölf	50	fünfzig
13	dreizehn	60	sechzig
14	vierzehn	70	siebzig
15	fünfzehn	80	achtzig
16	sechzehn	90	neunzig
17	siebzehn	100	hundert/
18	achtzehn		einhundert
19	neunzehn		

Lektion 3 Wohnen in Deutschland

C Verben

Verben mit Vokalwechsel

(nehm)(en): N**i**mmst du Weiß- oder Rotwein? Er n**i**mmt lieber Rotwein.

Nimmst du Weißwein oder Rotwein?

Er nimmt lieber Rotwein

	geb-en	nehm-en	es-sen	fahr-en	seh-en
ich	geb-e	nehm-e	ess-e	fahr-e	seh-e
du	**gib-st**	**nimm-st**	**iss-t**	**fähr-st**	**sieh-st**
er/sie/es	**gib-t**	**nimm-t**	**iss-t**	**fähr-t**	**sieh-t**
wir	geb-en	nehm-en	ess-en	fahr-en	seh-en
ihr	geb-t	nehm-t	ess-t	fahr-t	seh-t
sie/Sie	geb-en	nehm-en	ess-en	fahr-en	seh-en

E Possessivbegleiter

Das ist **meine** Frau und das ist **unser** Sohn.

Die Possessivbegleiter im Nominativ

Personal-pronomen	maskulin = *der* Bruder	feminin = *die* Tochter	neutral = *das* Kind	Plural = *die* …
ich	**mein** Bruder	**meine** Tochter	**mein** Kind	**meine** …
du	**dein** Bruder	**deine** Tochter	**dein** Kind	**deine** …
er	**sein** Bruder	**seine** Tochter	**sein** Kind	**seine** …
sie	**ihr** Bruder	**ihre** Tochter	**ihr** Kind	**ihre** …
es	**sein** Bruder	**seine** Tochter	**sein** Kind	**seine** …
wir	**unser** Bruder	**unsere** Tochter	**unser** Kind	**unsere** …
ihr	**euer** Bruder	**eure** Tochter	**euer** Kind	**eure** …
sie/Sie	**ihr (Ihr)** Bruder	**ihre (Ihre)** Tochter	**ihr (Ihr)** Kind	**ihre (Ihre)** …

der Mann
Das ist
sein Auto.

die Frau
Das ist
ihr Auto.

das Kind
Das ist
sein Auto.

F Die Zahlen ab 100

in Ziffern	in Buchstaben	in Ziffern	in Buchstaben
101	hunderteins/ einhunderteins	1000	tausend/eintausend
		1001	tausendundeins/ eintausendundeins
200	zweihundert		
300	dreihundert	2000	zweitausend
400	vierhundert	10000	zehntausend
500	fünfhundert	100000	hunderttausend
600	sechshundert	1000000	eine Million
700	siebenhundert	2000000	zwei Millionen
800	achthundert	1000000000	eine Milliarde
900	neunhundert	2000000000	zwei Milliarden

Lektion

4 Mein Tag, meine Woche

A Die Satzklammer

1 Infinitiv   Satzklammer

schwimmen gehen.   Die Kinder (gehen) gern (schwimmen).

Die Kinder (gehen) heute (schwimmen).

2 Trennbare Verben

Die Vorsilbe ist betont:

ankommen → Sie   (kommt)   heute   (an).

abholen   → Zwei Freundinnen (holen)   Tanja   (ab).

aufstehen → Wir   (stehen)   um 10:00 Uhr (auf).

Ist der Stamm betont, ist das Verb untrennbar:

bekommen → Sie   (bekommt) heute Besuch.

C Die Satzstellung

1 Die Satzfrage

	Position 1	Position 2		
Aussagesatz	Er	(kommt)		aus Russland.
W-Frage	Woher	(kommt)	er ?	
Satzfrage	(Kommt)	er		aus Russland?

2 Die Negation

	Position 1	Position 2		
Aussagesatz	Das Buch	(ist)	**nicht** teuer.	
	Der Zug	(fährt)	**nicht** nach Prag.	
Nein,	wir	(gehen heute)	**nicht** ins Kino.	
	Ich	(habe)	**nicht** <u>viel</u> Zeit.	
⚠	Ich	habe	**keine** Zeit.	
	Ich	spreche	**kein** Englisch.	

Nominativ	Akkusativ	
ich	**mich**	Klaus besucht **mich** am Samstag.
du	**dich**	Wann besucht er **dich**?
er	**ihn**	Katja braucht einen Stift. Sie holt **ihn** aus der Tasche.
sie	**sie**	Mahmud sucht Sabrina. Er findet **sie** nicht.
es	**es**	+ Hast du das Buch? —Ja, ich habe **es**.
wir	**uns**	Wir haben heute Zeit. Besuchst du **uns**?
ihr	**euch**	Wir haben ein Problem. Können wir **euch** etwas fragen?
sie	**sie**	+ Kennst du Klaus und Katja? – Ja. ich kenne **sie**.
Sie	**Sie**	Frau Brodsky, ich rufe **Sie** dann an.
		Herr und Frau Brodsky, ich treffe **Sie** um 10:00 Uhr?

D Adverbien (Zeit)

Frage	Adverb
Wann?	– zuerst, dann, danach, schließlich, zuletzt
	– heute, morgen
	– dienstags, mittwochs …
	– morgens, mittags, abends, nachts

1 Der Tag: Was machst du wann?

Zuerst frühstücken wir. **Dann** gehen wir einkaufen. **Danach** …

2 Die Woche.

+ Was machst du dienstags? (= jeden Dienstag)
– **Dienstags** spiele ich Fußball.

+ Was machst du am Donnerstag? (= der nächste Donnerstag)
– **Am Donnerstag** habe ich einen Arzttermin.

3 Wann hast du Zeit?

+ Hast du **heute** Zeit?   – Nein, aber ich habe **morgen** Zeit.
                          – Ja, **heute** habe ich Zeit. / Ja, ich habe **heute** Zeit.

+ Was machst du **heute**?   – Ich gehe **heute** einkaufen.
+ Was machst du **morgen**?   – Ich habe **morgen** einen Arzttermin. /
                                Morgen habe ich einen Arzttermin.

+ Hast du **morgen** Zeit?   – Nein, **morgen** habe ich einen Arzttermin.

C Der Imperativ

2. Person Singular (du)

wie 2. Person Sg. Präsens,
ohne -*st*, ohne *du*:

(du) nimm(st) **Nimm** noch etwas Salat!
(du) gib(st) **Gib** mir das Brot, bitte.

(du) fähr(st) ⚠ **Fahr** bitte langsam!
(du) bist ⚠ **Sei** bitte vorsichtig!

2. Person Plural (ihr)

wie 2. Person Präsens,
ohne *ihr*:

(ihr) nehmt **Nehmt** noch etwas Salat!
(ihr) geht **Geht** bitte zum Bäcker.
(ihr) seid **Seid** bitte vorsichtig!

Sie-Form

wie 3. Person Plural Präsens,
aber *Sie* nach dem Verb:

sie nehmen **Nehmen Sie** noch etwas Salat.
sie gehen Bitte **gehen Sie** noch nicht.
sie geben **Geben Sie** mir bitte das Brot.

sie fahren **Fahren Sie** bitte langsam.
sie sind ⚠ **Seien Sie** bitte vorsichtig!

C Die Modalverben *können, müssen* und *wollen*

Er **kann** nicht Auto fahren. Er **muss** nicht Auto fahren. Er **will** nicht Auto fahren.

	können	**müssen**	**wollen**
ich	kann	muss	will
du	kannst	musst	willst
er/sie/es	kann	muss	will
wir	können	müssen	wollen
ihr	könnt	müsst	wollt
sie/Sie	können	müssen	wollen

Möglichkeit	(Kannst) du mich heute (besuchen)?	
	Ich habe heute Zeit. Ich (kann) dich heute (besuchen).	
Fähigkeit	+ **Kannst** du Tennis spielen? – Ich **kann** Tennis spielen.	
Bitte	Bringen Sie mir bitte ein Bier. = **Können** Sie mir ein Bier bringen?	
Erlaubnis	Sie **können** nach Hause gehen.	
Befehl	Du **musst** die Vokabeln lernen!	
Notwendigkeit	Ich bin krank. Ich **muss** gehen.	

Lektion
6 Gute Besserung!

A   **Die Personalpronomen im Dativ**

Nominativ	Akkusativ	Dativ	
ich	mich	**mir**	Kaufst du **mir** Schokolade?
du	dich	**dir**	Nein, ich kaufe **dir** keine Schokolade.
er	ihn	**ihm**	Klaus ist krank. Ich gebe **ihm** Tabletten.
sie	sie	**ihr**	Sarah ist krank. Ich gebe **ihr** Tabletten.
es	es	**ihm**	Das Baby weint. Gib **ihm** Tee.
wir	uns	**uns**	Wir wissen es nicht. Sag es **uns**.
ihr	euch	**euch**	Seid ihr da? Ich bringe **euch** etwas!
sie	sie	**ihnen**	Die Kinder sind krank. Ich bringe **ihnen** Tee.
Sie	Sie	**Ihnen**	Frau Brodsky, wie geht es **Ihnen**?
			Sie sind beide krank? Ich bringe **Ihnen** Suppe.

B   **Die Modalverben *dürfen* und *sollen***

Er **darf nicht**
Auto fahren.
Er hat keinen
Führerschein.

Er **soll nicht**
Auto fahren.
Er sieht nicht gut.

	müssen	können	wollen	dürfen	sollen
ich	muss	kann	will	**darf**	**soll**
du	musst	kannst	willst	**darfst**	**sollst**
er/sie/es	muss	kann	will	**darf**	**soll**
wir	müssen	können	wollen	**dürfen**	**sollen**
ihr	müsst	könnt	wollt	**dürft**	**sollt**
sie/Sie	müssen	können	wollen	**dürfen**	**sollen**

Erlaubnis	Sie **dürfen** rauchen.
Verbot	Sie **dürfen nicht** rauchen.
Auftrag/	Ich **soll** Ihnen die Entschuldigung geben.
Empfehlung	Er **soll** viel schlafen.

C   Präpositionen mit Dativ

1   Artikel im Dativ Singular

	bestimmter Artikel	**unbestimmter Artikel**
maskulin	**dem** Mann	**einem** Mann
feminin	**der** Frau	**einer** Frau
neutral	**dem** Kind	**einem** Kind

2   Präpositionen

aus, von, nach, seit, zu, bei, mit

Wann kommst du heute **aus der** Schule?
Von der Firma braucht er zehn Minuten bis nach Haus.
Wir gehen **nach dem** Mittagessen spazieren.
Er lebt **seit einem** Jahr in Amsterdam.
Nächste Woche soll sie **zu einem** Augenarzt gehen.
Ich bin **beim** Bäcker und kaufe Brötchen.
Sie fährt täglich **mit dem** Fahrrad.

Lerntipp:

Von *Ausbeimit* nach *Vonseitzu* fährst immer mit dem Dativ du.

⚠ von dem → **vom**   zu dem → **zum**   bei dem → **beim**

D   Adverbien (Häufigkeit)

Frage	**Adverb**
Wie oft?	täglich, oft, manchmal, selten, nie

Sie fährt jeden Tag Fahrrad. → Sie fährt **täglich** Fahrrad.
Sie fährt viermal die Woche Fahrrad. → Sie fährt **oft** Fahrrad.
Sie fährt zwei- bis dreimal im Monat Fahrrad. → Sie fährt **manchmal** Fahrrad.
Sie fährt dreimal im Jahr Fahrrad. → Sie fährt **selten** Fahrrad.
Sie fährt kein Fahrrad. → Sie fährt **nie** Fahrrad.

Alphabetische Wortliste

Die alphabetische Wortliste enthält den Wortschatz von Lektion 1 bis Lektion 6 des Kursbuchs. Zahlen, grammatische Begriffe sowie Namen von Personen, Städten und Ländern sind in der Liste nicht enthalten.

Die Zahlen geben an, wo die Wörter zum ersten Mal vorkommen (z. B. 2/B3.4 bedeutet Lektion 2, Block B3, Übung 4).

Ein · oder ein – unter dem Wort zeigt den Wortakzent:
a̧ = kurzer Vokal
a̲ = langer Vokal

Nach den Nomen finden Sie immer den Artikel und die Pluralform:

"	= Umlaut im Plural
*	= es gibt dieses Wort nur im Singular
,	= es gibt auch keinen Artikel
Pl.	= es gibt dieses Wort nur im Plural

Abkürzungen:
Kurzf. = Kurzform
etw. = etwas
jdn = jemanden

A

ab 3/F3
Abend, der, -e 3/C2
Abendessen, das, - 5/A1.7
abends 4/B2.4
aber 2/A1.4a
abfahren 4/D1.1
abholen 4/A3.1a
Abkürzung, die, -en 3/A2.1
Abschied, der, -e 6/klar6
Abschnitt, der, -e 6/C1.2
achten (auf etw.) 6/C1.4
Adresse, die, -n 2/C2.3
Ahnung, die, -en 3/C2
Aktivität, die, -en 4/A1
Alkohol, der, -ika 6/B2.1
alle 2/B3.2
alles 3/C2
Alphabet, das, -e 0/A
also 4/D1.1
alt 2
Alter, das, * 2/klar1
an 1/B2.3a
Ananas, die, - und -se 5/A2.4b
anderer, andere, anderes 2/klar2b
ändern (sich) 2/B3.4
Änderungsschneiderei, die, -en 3/A1.1
anfangen 4/A3.1a
Angebot, das, -e 5/A2.4a
Angst, die, "-e 6/C2.2
ankommen 4/D1.1
ankreuzen 0/C2
Anrede, die, -n 1/klar2
anrufen 4/A3.3
ansehen (sich etw.) 1/A3
anstrengend 4/C2.1

Antwort, die, -en 1/klar1
antworten 1/B2.3b
Anzeige, die, -n 3/B6a
Apfel, der, "- 5/A1.1b
Apfelsaft, der, "-e 5/C3b
Apotheke, die, -n 6/B1.1
Appetit, der, -e 5
Arbeit, die, -en 2/A2.2
arbeiten 1/B2.5
Arbeitgeber/in, der/die, -/-nen 6/B1.1
Arm, der, -e 6/A1.1
Arzt/Ärztin, der/die, "-e/-nen 1/B1.1
Arztschild, das, -er 6/B1.1
Arzttermin, der,-e 4/B2.2
Asylantrag, der, "-e 3/F5
Asylbewerber/in, der/die, -/-nen 3/F5
Aubergine, die, -n 5/B3a
auch 1/A2a
auf 3/klar2
auf keinen Fall 6/B2.1
Auf Wiedersehen! 5/klar2
auffallen 1/E2
Aufgabe, die, -n 1/E3
aufhören 4/A3.1a
aufpassen 5/C3a
aufräumen 4/A3.1a
aufschreiben 0/A2
aufstehen 4/A3.1a
aufwachen 6/C1.1
Auge, das, -n 6/A1.1
Augenarzt/-ärztin, der/die "-e/-nen 3/A1.1
aus 0/B2a
aus der Sicht von ... 3/E3c
ausatmen 6/B2.1
ausfallen 4/A3.3

ausgehen 4/A3.1a
Ausländer/in, der/die, -/-nen 3/F5
Ausnahme, die, -n 1/B2.2
Aussage, die, -n 2/A1.4c
ausschlafen 4/A3.3
aussehen 2/B3.1
außerdem 5/A2.4a
auswerten 6/D3a
Auto, das, -s 1/C4
Automechaniker/in, der/die, -/-nen 1/B2.1

B

Baby, das, -s 1/D1
Bäckerei, die, -en 1/B2.5
Bäcker/in, der/die, -/-nen 1/B2.1
Backware, die, -n 5/A1.3
Bad(ezimmer), das, Bäder (-) 2/B1.2
Badewanne, die, -n 2/B3.6
Bahn, die, -en 4/D1.2
Bahnhof, der, "-e 4/D1.1
Balkon, der, -e 2/B3.6
Ball, der, "-e 4/C1.3
Banane, die, -n 5/A1.1b
Bauarbeiter/in, der/die, -/-nen 1/B1.1
Bauch, der, "-e 6/A1.1
bauen 1/C4
beantworten 0/B3
Becher, der, - 5/A1.5
beginnen 4/A2.2
Begriff, der, -e 2/C2.1
Behandlung, die, -en 6/C1.1
beide/beides 4/C2.1
Bein, das, -e 6/A1.1
Beispiel, das, -e 1/C5
bekommen 4/D2.5
Beruf, der, -e 1/B1
beruflich 1/B1.2
Berufsbezeichnung, die, -en 1/B2
Bescheinigung, die, -en 6/A2.4
beschreiben 3/A1.3
besichtigen 4/D2.1
bestellen 5/E3
bestimmt 4/D1.1
Besuch, der, -e 3/C1a
besuchen 4/C2.1
Bett, das, -en 2/B1.1
bezahlen 4/D1.1
Bier, das, -e 5/D2
Bild, das, -er 2/A2.3
billig 4/C2.4
Birne, die, -n 5/B3a
bis 2/C1.2
bisschen 5/A2.4a
bitte 3/C2
blau 3/B1a
bleiben 2/A2.2
Bleistift, der, -e 1/E1
Blinddarm, der, "-e 6/C1.1
Blinddarmentzündung, die, -en 6/C1.1
Blume, die, -n 1/C4
Bohne, die, -n 5/C3a
brauchen 2/B3
braun 3/B1a
Brief, der, -e 1/C4
bringen 5/E2b
Brot, das, -e 5/A1.1b
Brötchen, das, - 5/A2.4b
Bruder, der, "- 2/C4.1
Brust, die, "-e 6/A1.1
Buch, das, "-er 1/E1
buchen 4/D1.1
Buchstabe, der, -n 0/A2
buchstabieren 0/A4
Buchung, die, -en 4/D1.1
Büro, das, -s 1/B2.5
Butter, die, * 5/A1.1b

C

ca. (= circa) 3/F5
Café, das, -s 4/D2.1
CD, die, -s 2/C4.3
Cent, der, - *oder* -s 5/B2a
Chef/in, der/die, -s/-nen 6/klar7
Chefarzt/-ärztin, der/die, "-e/-nen 6/C1.1
chinesisch 4/klar6
Chips, *Pl.* 5/A1.5
Collage, die, -n 2/C2.1
Computer, der, - 1/E3
Cornflakes, *Pl.* 5/D2
Cousin/e, der/die, -s/-n 3/E6

D

da 2/B1.4
Dach, das, "-er 3/A1.1
Dachgeschoss, das, -e 3/A1.1
dahaben (etw.) 2/C2.3
danach 4/D2.3
danke 0/C1a
Danke, es geht. 0/C1a
Danke, gleichfalls. 5/B2a
dann 2/B3.5
Darf es … mehr sein? 5/A2.4a
das heißt 4/D1.1
Das macht nichts. 4/D1.1
dauern 4/D1.1
davon (*auch:* davon) 3/F5
dazugehören 5/C1

denn 4/B1.4
der/die/das 0/A
Deutsch, das, * 1/C2a
Dialog, der, -e 0/B2a
direkt 4/D1.1
diskutieren 6/D5
doch 2/klar4
Doktor/Doktorin, der/die, Doktoren/-nen 6/B2.1
Donnerstag, der, -e 2/C2.3
dort 6/C1.1
Dose, die, -n 5/A1.1b
dunkel 3/B4a
dürfen 6/B2.1

Entschuldigung, die, -en 3/D1
Erbse, die, -n 5/A1.5
Erdbeere, die, -n 5/D2
Erdgeschoss, das, -e 3/A1.1
erfinden 2/klar1
ergänzen 1/A2b
Ergebnis, das, -se 6/D3a
Erkältung, die, -en 6/B2.1
erklären 6/C1.1
erst 2/C2.3
erster, erste, erstes 3/A2.1
erzählen 2/B3.6
Essen, das, - 5/E1
essen 3/C2
etwas 3/D1
Europakarte, die, -n 2/A1.1

Film, der, -e 3/C5
finden 0/B2b
Finger, der, - 6/A1.1
Fisch, der, -e 5/A1.3
fit (sein) 6/D3a
Flasche, die, -n 5/A1.5
Fleisch, das, * 5/A1.3
Fleischtheke, die, -n 5/A2
folgend 2/C2.1
Forelle, die, -n 5/E2b
Form, die, -en 5/C5a
formell 1/klar2
fortsetzen 4/A2.1b
Foto, das, -s 0/C1b
Frage, die, -n 0/B2b
fragen 1/B2.3a
Frau, die, -en 0/C1a
freimachen 6/B2.1
freuen (sich) 3/C2
Freund/in, der/die, -e/-nen 4/A3.1a
freundlich 6/A2.4
Friseur/in, der/die, e/-nen 1/B2.1
Friseurladen, der, "- 1/B2.5
Früchtetee, der, -s 5/D2
früh 4/C3.1
Frühstück, das, * 5/D1
frühstücken 4/D2.1
fühlen (sich) 6/A1.5
Füller, der, - 1/E1
funktionieren 2/B2.2
furchtbar 3/B3
für 2/B1.3b
Fuß, der, "-e 6/A1.1
Fußball, der, "-e 4/A1.1

Gärtner/in, der/die, -/-nen
1/B1.1
Gast, der, "-e 5/E5
geben 2/B1.3
geboren sein 3/F4a
Geburtstagsparty, die, -s
5/A1.7
Gegensatzpaar, das, -e 3/B4b
gegenseitig 0/B2b
Gegenstand, der, "-e 3/B6a
Gegenteil, das, -e 3/4a
Gehacktes, *,* 5/A2.4a
gehen 3/C1a
gelb 3/B1a
Gemüse, das, - 3/A1.1
Gericht, das, -e 5/E1a
gern 3/C2
Geschäft, das, -e 3/A1.1
Geschäftsmann/-frau,
der/die, "-er/-en 1/B2.2
Geschichte, die, -n 6/A2.5
Geschwister, *Pl.* 2/C4.1
gesund 6/D
Gesundheit, die, * 6/B1
Getränk, das, -e 5/A1.3
Getränkemarkt, der, "-e 5/A2
Getreide, das, - 5/A1.3
Glas, das, "-er 5/A1.5
glauben 5/B2a
gleich 4/B1.3
Gramm, das, - 5/A1.6
grau 3/B1a
grillen 5/C3a
Grillfest, das, -e 5/C
Grippe, die, -n 6/A2.9
groß 2/A1.4a
Großeltern, *Pl.* 3/E6
Großvater/-mutter, der/die,
"-/ "- 3/E6
grün 3/B1a
Gruppe, die, -n 2/C2 3
Gruß, der, "-e 6/A2.4

Grüß Gott 0/C1a
Gurke, die, -n 5/D2
gut 0/C1a
Gute Besserung! 6
Guten Appetit! 5
Guten Morgen! 0/B1a
Guten Tag! 0/C

H

Haar, das, -e 1/C4
haben 2/B2.2
Hähnchen, das, - 5/A1.1b
halb 4/A2.1a
Hallo! 0/C1a
Hals, der, "-e 6/A1.1
Hand, die, "-e 6/A1.1
Handy, das, -s 2/C2.2
hässlich 3/B3
Hauptbahnhof, der, "-e
4/D1.1
Hauptstadt, die, "-e 2/A1.2
Haus, das, "-er 1/A2a
Hausarzt/-ärztin, der/die,
"-e/-nen 6/B1.1
Hausaufgabe, die, -n
1/C2a
Heft, das, -e 1/E1
Heimat, die, * 2
heiß 5/C3a
heißen 0/B1a
helfen 2/C1.1
hell 3/B4a
Herd, der, -e 2/B3.1
Herr, der, -en 0/C1a
Herzlich willkommen!
1/A3
heute 3/C2
hier 1/A2a
Hobby, das, -s 4/A1.4
holen 4/D1.1

Honig, der, * 5/D2
hören 0/B1a
Hühnchen, das, - 5/D2
Hunger, der, * 5/D2
Husten, der, * 6/B2.1
Hustensaft, der, "-e 6/A2.9

I

ICE (InterCityExpress), der,
-s 4/D1.1
ich 0/B1a
Ich hätte gern … 5/A2.4a
Idee, die, -n 2/C2.3
Imbiss, der, -e 5/D1
immer 1/E3
in 1
informell (*auch:* informell)
1/klar2
informieren (über etw.)
6/B1.1
Ingenieur/in, der/die, -e/
-nen 1/B2.1
inoffiziell 4/B1.3
Internet, das, * (-s) 4/D1.1
Interview, das, -s 2/C2.4a
interviewen 3/E8
italienisch 4/klar6

J

ja 1/A2a
Jahr, das, -e 2/A2.2
jährlich 3/F5
jeder, jede, jedes 1/klar1
jetzt 2/B3.1
joggen 4/A3.5
Joghurt, der (*auch:* das), -(s)
5/A1.5
Junge, der, -n 1/D1

K

Kaffee, der, -s 3/B5

Kakao, der, -sorten 5/D2

kalt 3/B5

Kantine, die, -n 5/D1

kaputt 5/klar4

Karte, die -n 4/A3.5

Kartoffel, die, -n 5/A1.1b

Käse, der, -sorten 5/A1.1b

Käseplatte, die, -n 5/D2

Käsetheke, die, -n 5/A2

Kasten, der, "- 5/A1.1b

kaufen 4/B2.3

Kaufhaus, das, "-er 1/B2.5

Kaugummi, der (auch: das),
-s 5/A1.1b

kein, keine, kein 2/B2

kein … mehr 5/C4

Keks, der, -e 5/A1.1b

Kellner/in, der/die, -/-nen
1/B1.1

kennen 3/B4b

Kilogramm (auch: Kilo-
gramm), das, * (Kurzf.: Kilo,
das, -s) 5/A1.1b

Kind, das, -er 1/E2

Kinderkrankheit, die, -en
6/A2.3

Kino, das, -s 3/C1a

Kiosk, der, -e 5/A2

Kissen, das, - 3/B5

Kiste, die, -n 6/B2.3

Kiwi, die, -s 5/A1.1b

klar 2/C2.3

Klasse, die, -n 1/E

Klassenlehrer/in, der/die,
-/-nen 6/A2.2

klein 1/klar6

Kleinigkeit, die, -en 5/D2

klingen 4/D1.1

Knie, das, - 6/A1.2

Koch/Köchin, der/die, "-e/
"-nen 1/B2.1

kochen 3/C2

Koffer, der, - 3/B5

Kollege/-in, der/die, -n/-nen
6/C1.1

Komma, das, -ta oder -s 3/F3

kommen 0/B2a

Kommode, die, -n 2/B1.1

können 2/C2.3

Kontrolle, die, -n 6/klar5

kontrollieren 5/klar2

Kopf, der, "-e 6/A1.1

Kopie, die, -n 6/B1.1

Körperteil, der, -e 6/A1.3

korrigieren 2/A1.4c

kosten 5/A2.4a

krank 6/A1.5

Krankengymnastik, die, *
6/B2.3

Krankenhaus, das, "-er
1/B2.5

Krankenkasse, die, -n 6/B1.1

Krankenpfleger/-schwester,
der/die, -/-n 1/B1.1

krankschreiben 6/B2.1

Krankschreibung, die, -en
6/B1.1

Kräutertee, der, -s 6/B2.1

Kreditkarte, die, -n 4/D1.1

Kreide, die, -n 1/E1

Kuchen, der, - 5/C6b

Küche, die, -n 2/B1.2

Kugelschreiber, der, - 1/E1

Kühlschrank, der, "-e
2/B3.1

Kunde/-in, der/die, -n/-nen
5/A2.4a

Kurs, der, -e 0

Kurssprecherduo, das, -s
5/klar6

kurz 2/klar1

L

lachen 6/C1.1

Lammfleisch, das, * 5/C3a

Lammkotelett, das, -s 5/E2b

Lampe, die, -n 1/E1

Land, das, "-er 2/A1.1a

lang(e) 1/A2a

langsam 3/D1

langweilig 3/B3

laut 2/C3.1

leben 1/C7

Lebensmittel, das, - 4/A3.1a

lecker 3/C2

Lehrer/in, der/die, -/-nen
1/B2.1

leicht 3/klar3

Leid tun 4/klar6

leider 3/C2

lernen 1/C1b

Lerntipp, der, -s 1/E3

lesen 1/A4a

Leute, Pl. 0/C2

lieben 4/C2.4

Lieblingsfarbe, die, -n 3/B1

liegen 2/A1

lila 3/B1a

Lineal, das, -e 1/E1

links 2/C3.1

Liste, die, -n 2/C2.4b

Liter, der, - 5/A1.6

Löffel, der, - 6/B2.1

M

machen 1/C1b

Magen, der, "- 6/A1.4

Mais, der, -sorten 5/A1.1b

Mami, die, -s 6/A2.2

man 1/C1a

manchmal 3/B5

Mann, der, "-er 1/B2.2

Marathon, der, -s 3/F2

markieren 1/C1a

Markt, der, "-e 5/A2

Marmelade, die, -n 5/A1.5

Masern, Pl. 6/A2.2

Medikament, das, -e 6/A2.5

mehrere, Pl. 3/B5

meistens 6/A2.8

Menge, die, -n 5/klar1

messen 6/A2.2

Miete, die, -n 3/C3a

Milch, die, * 5/A1.1b

Milchprodukt, das, -e
5/A1.3

Mineralwasser, das, "-
5/D2

Minute, die, -n 4/D1.´

mischen 2/klar2b

mit 1/E3

mitbringen 3/E7

mitkommen 4/A3.1a

mitmachen 0/A1

mitnehmen 4/D1.1

Mittag essen (zu) 4/klar2

Mittagessen, das, - 5/D1

mittags 4/A3.1a

Möbel, das, - 1/C4

möchten 2/B2.1

modern 2/B1.4

möglich 6/D3a

Möglichkeit, die, -en 3/B5

Monat, der, -e 2/C2.1

morgen 3/C2

morgens 4/B2.4

müde 6/B2.1

Mülleimer, der, - 1/E1

Mund, der, "-er 6/A1.1

Musik, die, -en 4/A1.1

Müsli, das, -s 5/D2

müssen 5/A1.6

Mutter, die, "- 3/C2

N

nach 2/B3.1

nach Haus(e) 3/C5

Nachbar/in, der/die, -n/-nen
4/C2.1

Nachbarland, "-er 2/A1.1a

Nachmittag, der, -e
4/klar2

nachmittags 4/B2.4

Nachname, der, -n 0/A4

nachsehen 4/D2.2

nächste, nächste, nächste
6/C1.1

Nachtisch, der, * 5/D2

nähen 4/A1.1

Name, der, -n 0/A3

Narkose, die, -n 6/C1.1

Nase, die, -n 6/A1.1

Nationalität, die, -en 2/A2

natürlich 6/A2.2

Nebenkosten Pl. 3/A2.1

Neffe/Nichte, der/die, -n/-n
3/E6

nehmen 3/C2

nein 1/C6

nennen 1/klar3

Netz, das, -e 5/A1.5

neu 1/A2a

Neubau, der, -ten 3/A2.1

nicht 2/A1.4a

nichts 4/D1.1

nie 6/D1

noch 2/klar4

noch einmal 1/A4a

Norden, der, * 2/A1.1b

notieren 3/klar7

Notiz, die, -en 1/D4

Nudel, die, -n 5/A1.1b

Nummer, die, -n 2/B1.3a

nur 2/B3.4

O

oben 3/klar1

Obergeschoss, das, -e 3/A2.1

Oberkörper, der, - 6/B2.1

Obst, das, * 3/A1.1

Obst- und Gemüseladen, der,
"- 3/A1.1

oder 1/E4

offiziell 4/B1.3

oft 2/C4.1

ohne 2/A1.5

Ohr, das, -en 6/A1.1

okay (Kurzf.: o.k.) 3/B3

Oma, die, -s 5/D2

Onkel, der, - 3/E6

online 4/D1.1

Opa, der, -s 5/D2

Operation, die, -en 6/C1.1

operieren 6/C1.1

orange 3/B1a

Orange, die, -n 5/A1.1b

ordnen 1/E3

Original, das, -e 6/B1.1

Osten, der, * 2/A1.1b

P

Packung, die, -en 5/A1.5

Paket, das, -e 4/A3.1a

Paprika, die, - oder -s 5/B2a

Partner/in, der/die, -/-nen
2/C2.4a

passen 4/C2.1

passend 1/klar1

passieren 5/C5c

Patient/in, der/die, -en/-nen
6/klar6

Pause, die, -n 6/D3a

peinlich 6/D5

Person, die, -en 1/A1

Pfefferminztee, der, -s 5/A1.1b

Pflanze, die, -n 2/B3.1

Pfund, das, -e 5/A1.6

Picknick, das, -e (*auch:* -s) 4/D2.1

Pizza, die, -s (*auch:* Pizzen) 3/C5

Plan, der, "-e 4/B2.1

planen 5/klar6

plötzlich 6/C1.1

Pommes frites, *Pl.* 5/klar5

Position, die, -en 4/C1.2

Post, die, * 4/A3.1

Postleitzahl, die, -en 2/C2.1

Preis, der, -e 5/B

prima 2/C2.3

pro 3/F5

probieren 5/C6

Problem, das, -e 2/B2.2

Programm, das, -e 4/D2

Programmierer/in, der/die, -/-nen 1/B1.1

Projekt, das, -e 5/klar6

Prüfung, die, -en 6/B2.3

Punkt, der, -e 6/D3a

Punktzahl, die, * 6/D3a

putzen 4/A3.5

Q

Quadratmeter, der, - 3/A2.1

Quatsch, der, * 6/D5

R

Radiergummi, der, -s 1/E1

Rätsel, das, - 2/klar7

rauchen 6/B2.1

rechts 2/C3.1

Rechtsanwaltskanzlei, die, -en 3/D1

reden 3/C2

Regal, das, -e 2/B3.1

Regel, die, -n 1/B2.2

Reihe, die, -n 4/A2.1b

Reihenfolge, die, -n 5/klar2

Reis, der, -sorten 5/A1.1b

Reisezentrum, das, -zentren 4/D1.1

reparieren 1/C4

reservieren 4/D1.1

Restaurant, das, -s 1/B2.5

Rezept, das, -e 6/B1.1

richtig 2/A1.4a

riesig 3/C2

Rockmusik, die, * 3/B5

rosa 3/B1a

rot 3/B1a

Rücken, der, - 6/A1.2

Rucksack, der, "-e 1/E1

rückwärts 2/C1.2

rund 3/B4a

S

S-Bahn, die, -en 6/klar5

Sache, die, -n 1/E1

Saft, der, "-e 5/C3b

sagen 0/C2

Sahne, die, * 5/A1.1b

Salat, der, -e 5/A1.1b

Salzkartoffel, die, -n 5/E2b

sammeln 1/A4b

Samowar, der, -e 2/B2.1

Samstag, der, -e 4/A3

satt 5/C3a

Satz, der, "-e 1/B2.5

Schalter, der, - 4/D1.1

Schatz, der, "-e 6/A2.2

schicken 6/B1.1

Schinken, der, - 5/klar1

schlafen 6/A2.5

Schlafzimmer, das, - 2/B1.2

schlecht 3/B3

schließlich 4/D2.3

Schlüssel, der, - 3/C5

schmecken 5/C3a

Schmerz, der, -en 6/A1.2

schneiden 1/C4

Schneiderei, die, -en 3/A1.1

schnell 3/B5

Schokolade, die, -n 3/B5

schon 1/A2a

schön 2/B2.1

Schrank, der, "-e 2/B1.1

schreiben 0/A4

Schule, die, -n 1/B2.5

Schüler/in, der/die, -/-nen 1/E1

Schulter, die, -n 6/A1.1

Schwager/Schwägerin, der/die, "-/-nen 3/E3a

schwarz 3/B1a

schwer 3/B5

Schwester, die, -n 2/C4.1

Schwiegervater/-mutter, der/die, "-/"- 3/E3a

schwimmen 4/A1.1

sehen 3/C2

Sehenswürdigkeit, die, -en 4/D2.1

sehr 2/B3.1

Sehr geehrter / Sehr geehrte... 6/A2.4

sein 1/C6

seit 3/F4a

Seite, die, -n 2/C1.1

Sekretär/in, der/die, -e/-nen 1/B1.1

selbst 5/C3a

selten 6/D1

Sessel, der, - 2/B1.1
Situation, die, -en 5/A1.7
so 1/C1a
Sofa, das, -s 2/B1.1
Sohn, der, "-e 3/E2
sollen 6/B2.2
Sonst noch etwas? 5/A2.4a
sorry 3/C2
sortieren 5/A1.3
Spaghetti, Pl. 5/D2
Spaß, der, "-e 5/klar6
spät 4/A2.1a
Spätaussiedler/in, der/die, -/-nen 3/F5
später 4/C1.3
spazieren gehen 4/A1.1
Speise, die, -n 5/C2
Spiegel, der, - 2/B1.1
Spiel, das, -e 5/klar6
spielen 4/A1.1
Sport, der, -arten 6/B2.1
Sport treiben 6/B2.1
Sprache, die, -n 2/A2
Sprechblase, die, -n 4/C2.1
sprechen 2/A2.2
Sprechzeit, die, -en 6/B1.1
Spüle, die, -n 2/B1.1
Spülmaschine, die, -n 2/B3.6
Stadt, die, "-e 2/A1.4a
stark 6/B2.3
Steak, das, -s 5/klar5
stehen 2/B1.4
steigen 6/D1
stellen 3/F5
Stift, der, -e 2/C2.3
stimmen 2/C2.3
Stock, der, * (Kurzf. für Stockwerk) 3/A1.1
Stockwerk, das, -e 3/A2.3b
Straße, die, -n 2/C2.1
Straßenfest, das, -e 4/D2.1

Stück, das, -e 5/C3a
Student/in, der/die, -en/-nen 3/A1.1
Stuhl, der, "-e 1/E1
Stunde, die, -n 4/B2.1b
suchen 3/D2
Süden, der, * 2/A1.1b
super 3/B3
Suppe, die, -n 5/E2b
surfen, im Internet surfen 4/A1.1
süß 2/klar3
Süßigkeit, die, -en 5/A1.3

T

Tabelle, die, -n 1/B2.2
Tablette, die, -n 6/B2.1
Tafel, die, -n 1/B2.3a
Tag, der, -e 0/C
täglich 6/B2.1
Tante, die, -n 3/E6
tanzen 4/A1.1
Tanzstunde, die, -n 4/klar6
Tasche, die, -n 1/E1
Tasse, die, -n 2/B3.1
Taxi, das, -s 4/C2.1
Taxifahrer/in, der/die, -/-nen 1/B1.1
Teddy, der, -s 6/A2.2
Tee, der, -s 2/B2.1
Teigwaren, Pl. 5/A1.3
teilen 3/C3a
Telefon, das, -e 2/C2.2
telefonieren 4/D1.3
telefonisch 4/D1.1
Telefonnummer, die, -n 2/C2.2
Teller, der, - 2/B3.1
Tennis, das, * 5/C7c

Tennisspieler/in, der/die, -/-nen 1/D4
Termin, der, -e 6/B1.1
Test, der, -s 6/D3a
teuer 2/B3.1
Text, der, -e 1/D1
Thema, das, Pl.: Themen 3/A1.2
Thunfisch, der, * 5/A1.1b
Ticket, das, -s 4/D1.1
Tisch, der, -e 1/E1
Tischler/in, der/die, -/-nen 1/B2.1
Toast, der, -s 5/D2
Tochter, die, "- 3/E1
Toilette, die, -n 2/B1.1
toll 3/B3
Tomate, die, -n 5/A1.1b
Tomatensauce, die, -n 5/D2
Topf, der, "-e 2/C4.3
tragen 6/B2.3
treffen (sich) 3/C2
Treppe, die, -n 6/D1
trinken 3/C1a
Trinkgeld, das, -er 5/E5
trocken 5/E2b
tschüss (auch: tschüs) 4/C1.3
tun 6/A1.2
Tür, die, -en 3/A1.1
türkis 3/B1a
Tüte, die, -n 5/A1.5
typisch 5/E1a

U

U-Bahn, die, -en 4/A3.1a
über 2/C2.5
übertreiben 6/D3a
Überweisung, die, -en 6/B1.1

übrig 5/C5b

Uhr, die, -en 3/C1a

Uhrzeit, die, -en 4/A2

um 3/C1a

Umgangssprache, die, * 4/B1.3

umgangssprachlich 4/B1.3

Umschlag, der, "-e 0/B2b

Umsteigen, das, * 4/D1.1

umziehen 6/klar3

und 0/A1

Und Ihnen? 0/C1a

ungefähr 3/F4a

Uni (Kurzf. von Universität), die, -s (-en) 3/C2

unten 3/klar1

unter 3/A2.3a

Unterricht, der, -e Pl. selten 4/A3.3

unterrichten 1/C4

unterstreichen 1/D2a

V

Vater, der, "- 3/E1

Verband, der, "-e 6/A2.9

verbinden 4/klar1

Verbindung, die, -en 4/D1.1

vereinbaren 6/B1.1

vergessen 2/B3.1

vergleichen 4/C2.1

verheiratet sein 4/C3.2

verkaufen 1/C4

Verkäufer/in, der/die, -/-nen 1/B1.1

Verpackung, die, -en 5/A1.5

Versichertenkarte, die, -n 6/B1.1

Versicherung, die, -en 6/B1.4

verstehen 3/D

verteilen 5/klar6

Verwandte, der/die, -n 5/A1.7

viel, mehr, am meisten 3/B4b

viele 1/D

Vielen Dank! 5/E5

vielleicht 2/A2.2

Viertel, das, - 4/A2.1a

Visite, die, -n 6/C1.1

Vitamin, das, -e 6/B2.1

voll 2/B1.4

von 2/A1.1a

vor 0

vorbei sein 6/C1.1

vorbereiten 4/D2.5

vorhaben (etw.) 4/A3

Vorhang, der, "-e 2/B3.1

vorlesen 2/klar7

vormittags 4/B2.4

Vorname, der, -n 0/A4

Vorschlag, der, "-e 5/A2.4b

vorschlagen 6/B2.1b

Vorsicht, die, * 6/D3a

Vorspeise, die, -n 5/E2b

vorspielen 5/A2.4b

vorstellen (sich oder jdn) 0/B

vorwärts 2/C1.2

W

Wahl, die, -en 3/B6b

Wand, die, "-e 3/A1.1

wann 3/C2

warten 2/B3.5

warum 3/C2

was 0/C2

Was ist los? 6/A2.2

Waschmaschine, die, -n 2/B3.1

Wasser, das, "- Pl. selten 5/A1.1b

weg sein 6/C1.1

wegfahren 4/A3.5

wehtun 6/A1.2

weich 3/B5

Wein, der, -e 5/A1.1b

weiß 3/B1a

Weißwein, der, -e 5/E2b

weitere, Pl. 1/A4b

weitergehen 2/klar7

welcher, welche, welches 1/B2.1

Weltkarte, die, -n 0/B2b

wem 5/D2

wenig 5/A2.4a

wer 1/A2a

werden 5/A1.7

Werkstatt, die, "-en 1/B2.5

Westen, der, * 2/A1.1b

wichtig 6/D5

Wickel, der, - 6/A2.5

wie 0/B1a

Wie geht es dir? 0/C1a

Wie geht es Ihnen? 0/C1a

wie lange 2/C2.4a

wie viel, wie viele, Pl. 2/C2.3a

wiederholen 3/D1

Willkommen in ... 1

wir 0/B

wirklich 2/C2.3

wo 1/B2.5

Woche, die, -n 2/B3.1

Wochenende, das, -n 4/A3.5

Wochentag, der, -e 4/B2.1a

woher 0/B2a

wohin 6/C2.2

wohnen 1/A2a

Wohngemeinschaft, die, -en 3/C

Wohnort, der, -e 1/D4

Wohnung, die, -en 2/B1

Wohnungsanzeige, die, -n 3/A2.1

Wohnzimmer, das, - 2/B1.2

wollen 5/C1
Wort, das, "-er 1/B2.4
Wortakzent, der, -e 5/A1.1a
Wörterbuch, das, "-er 1/E1
Wörternetz, das, -e 3/A1.2
Wunsch, der, "-e 5/A2.4a
wünschen 5/A2.4a
Würfelspiel, das, -e 1/C7
Wurst, die, "-e 5/D2
Würstchen, das, - 5/C3a

Z

Zahl, die, -en 2/C1
zahlen 5/E5
zählen 2/C1.2
Zahlenreihe, die, -n 2/klar7
Zahn, der, "-e 6/A1.4
Zahnarzt/-ärztin, der/die, "-e/-nen 3/A1.1
zeichnen 2/B3.6
Zeichnung, die, -en 2/C1.1
Zeit, die, -en 2/C2.3
Zeitung, die, -en 4/A3.1a
Zentralheizung, die, -en 3/A2.1
Ziffer, die, -n 2/C3.1
Zimmer, das, - 2/B1.2
Zoo, der, -s 4/D2.1
zu 1/klar1
zu dritt 5/E4
zu Haus(e), (auch: zuhause) 4/A3.2b
Zucker, der, * 3/C2
zuerst 4/D2.3
Zug, der, "-e 4/D1.3
zuhören 0/A1
zuletzt 4/D2.3
zum (= zu dem) 6/C1.1
zum Beispiel 2/C4
zumachen 6/B2.3
zuordnen 0/C1b
zurück 5/B2a
zurückfahren 4/A3.1a
zusammen 2/C2.3
zweimal 4/A3.3
Zwiebel, die, -n 5/A1.1b

Hörtexte

Hier finden Sie alle Hörtexte, die nicht oder nicht vollständig im Buch abgedruckt sind.

Vor dem Kurs

C 2

Dialog 1
+ Guten Tag, Frau Schmidt!
– Guten Tag, Frau Müller!
+ Wie geht es Ihnen?
– Gut, danke.

Dialog 2
+ Grüß Gott, Verona!
– Grüß Gott, Franziska!
+ Wie geht es dir?
– Gut, danke. Und dir?

Dialog 3
+ Guten Morgen, Frau Krahl!
– Guten Morgen, Herr Bunk!
+ Wie geht es Ihnen?
– Danke, es geht.

Lektion 1 Willkommen in Deutschland!

A 5
+ Wie heißen Sie?
– Ich heiße Anja Heller.
+ Sind Sie neu hier?
– Ja, ich bin neu hier. Und Sie?
+ Ich wohne schon lange hier.

B1 2

1.
+ Was sind Sie von Beruf?
– Ich bin Sekretärin.

2.
+ Was machen Sie beruflich?
– Ich bin Programmierer.

3.
+ Was bist du von Beruf?
– Ich bin Kellnerin.

4.
+ Was machst du beruflich?
– Ich bin Verkäuferin.

B2 1

1.
+ Was sind Sie von Beruf?
– Ich bin Bäcker.

2.
+ Was machen Sie beruflich?
– Ich bin Krankenschwester.

3.
+ Was machen Sie beruflich?
– Ich bin Ingenieur.

4.
+ Was machst du?
– Ich bin Friseurin.

5.
+ Was bist du von Beruf?
– Ich liebe Autos!
  Ich bin Automechaniker.

C 6

1.
+ Bist du Claudia?
– Ja, ich bin Claudia.

2.
+ Sind Sie Frau Kaiser?
– Nein, ich bin Frau Petter. Das ist Frau Kaiser.

D 3 Christine: Das ist mein Mann Sven. Er ist Deutscher und kommt aus Cottbus.
Er ist Krankenpfleger von Beruf.

Sven: Das ist meine Frau Christine. Sie ist Schwedin. Wir wohnen jetzt in Rostock.
Christine ist Krankenschwester und sie arbeitet im Krankenhaus.
Das ist unser Baby. Es ist ein Junge und heißt Paul.

E 4 1. Stühle 2. Heft 3. Lehrer 4. Bücher 5. Tische
6. Tasche 7. Fotos 8. Lampe 9. Kinder 10. Bleistift

klar 5 1. Ich heiße Maria. Ich bin neu hier und lerne Deutsch.
2. Ich bin Ilia Iwanow. Ich wohne in Frankfurt.
3. Ingrid ist Lehrerin. Sie arbeitet in einer Schule.
4. Boris kommt aus Russland. Er wohnt schon lange in Deutschland.

Lektion
2 Alte Heimat – Neue Heimat

C3 3 1. Ich bin Thomas, meine Telefonnummer ist 238 91 72.
2. Ich heiße Birte, meine Handy-Nummer ist 0175 / 867 54 55,
Bronco hat die Nummer 089 / 53 22 67.
3. + Hast du die Nummer von Ali? – Ja, sie ist 863 33 45.
4. Tamara hat jetzt Telefon! Die Nummer ist 22 63 55 08.
5. + Wie ist die Nummer von Sandra? – Sandra hat kein Telefon.

Lektion
3 Wohnen in Deutschland

A2 3 1. Familie Kramer wohnt mit ihren zwei Kindern in einem Hochhaus in Köln.
Die Wohnung hat drei Zimmer: ein Wohnzimmer, ein Schlafzimmer und ein Zimmer
für die Kinder. Die Wohnung liegt im 8. Stock und ist 80 qm groß.
2. Herr und Frau Yüksel wohnen in einer Altbauwohnung in Berlin-Kreuzberg.
Die Wohnung hat zwei Zimmer: ein Wohnzimmer und ein Schlafzimmer.
Die Wohnung liegt im 2. Stock und ist 50 qm groß.
3. Familie Fahl lebt mit ihren vier Kindern in einem Reihenhaus in Hannover-Langenhagen.
Das Haus hat vier Zimmer. Im Erdgeschoss sind das Wohnzimmer und die Küche.
Im ersten Stock sind das Schlafzimmer, das Badezimmer und die zwei Kinderzimmer.
Das Haus ist 100 qm groß und hat einen Garten.

B 1 a)

1.
+ Maria, was ist deine Lieblingsfarbe?
– Hm, Rosa mag ich überhaupt nicht. Rot ist sehr schön.
  Aber meine Lieblingsfarbe ist Blau. Ja, Blau.

2.
+ Und Boris, was ist deine Lieblingsfarbe?
– Ich finde Türkis toll. Ja, Türkis ist meine Lieblingsfarbe.

3.
+ Naomi, hast du eine Lieblingsfarbe?
– Ja, ich liebe Orange!

D 2

1.
+ Guten Tag, Firma Hase und Co KG.
  Spreche ich mit Frau Bolaños?

2.
Also, meine Handynummer lautet
0172 / 395 20 86.

3.
+ Wie heißen Sie?
– Ich heiße Soon-Sung Chung.

4.
+ Wo wohnen Sie?
– Ich wohne in Frankfurt.

F 1

+ Wie alt bist du?
– Ich bin 19.

+ Wie ist Ihre Adresse?
– Berliner Straße 96 in 13189 Berlin.

+ Wie viele Zimmer hat die Wohnung?
– Vier Zimmer, eine Küche, ein Bad und einen Balkon.

+ Wie ist deine Handynummer?
– 0165 / 28 80 93 27.

klar 7 a)

1. 34 26 65 34   2. 79 13 28 50   3. 0176 / 81 39 45

b)

1. 1459   2. 2003   3. 1895   4. 1949

Lektion

4 Mein Tag, meine Woche

A3 3

1. Schau mal, hier hängt ein Zettel: Der Unterricht fällt morgen aus.
   Wir haben frei. Ist das nicht toll?
2. Das ist gut. Ich habe morgen viel vor.
3. Und ich schlafe morgen aus!
4. Nein, du räumst die Wohnung auf. Sie sieht furchtbar aus.
5. Ich rufe Pjotr an. Er ist heute nicht da.

Text 1: Es ist achtzehn Uhr zweiunddreißig.

Text 2: Vorsicht an Gleis 3! Dort ist eingefahren der ICE nach Koblenz Hauptbahnhof, planmäßige Abfahrt dreizehn Uhr fünfundvierzig.

Text 3: Es ist wieder Krimizeit! Um zwanzig Uhr fünfzehn, gleich nach den Nachrichten, sehen Sie heute einen spannenden Tatort. Die Kommissare Beck und …

Text 4: Es ist zwanzig Uhr. Guten Abend, meine Damen und Herren! Sie sehen die Tagesschau.

Text 5: Es ist zehn Uhr achtundfünfzig und hier ist Radio Brandenburg mit einem Verkehrshinweis für die Autofahrer …

B2 **2**

Sprecher: Was macht ihr die Woche?

Mahmud: Am Montag lerne ich für die Deutscharbeit. Am Mittwoch gehe ich Fußball spielen und am Donnerstag … ja, am Donnerstag gehe ich mit meiner Mutter einkaufen. Ich brauche Sachen für die Schule. Am Freitag gehe ich zu Karim, er hat einen Computer …

Frau Yildirim: Meine Woche ist sehr voll. Am Montag sind alle weg und ich putze die Wohnung. Hm – am Donnerstag gehe ich mit Mahmud in die Stadt. Ach ja, am Mittwoch habe ich einen Arzttermin. Am Samstag gehe ich einkaufen.

Tamara: Ich habe diese Woche nicht so viel zu tun. Am Montag schreibe ich einen Brief an meine Freundin in Moskau. Mittwochs habe ich immer sehr viele Hausaufgaben. Donnerstag mache ich nichts Besonderes – vielleicht Musik hören. Freitagabend arbeite ich als Babysitter.

D2 **4**

Thomas Marks: Thomas Marks.

Doreen Marks: Hallo Thomas, ich bin es, Doreen. Hör zu, ich habe mein Programm für morgen jetzt fertig, mein Besuchsprogramm für Annett. Also! Zuerst gehen wir ins Parkcafé frühstücken. Dann besichtigen wir den Reichstag. Annett möchte wissen, wie er jetzt aussieht. Danach gehen wir auf dem Potsdamer Platz einkaufen und abends ins Kino. Anschließend trinken wir ein Bier und essen etwas. Was denkst du, Thomas?

Thomas Marks: Alles an einem Tag? Na, viel Spaß!

Lektion
5 Guten Appetit!

A2 **2** 1.

Verkäufer: Na, was möchtest du denn?

Kind: Ein Päckchen Kaugummi, bitte.

2.

Verkäuferin: Ja bitte?

Kunde: 300 Gramm griechischen Ziegenkäse.

Verkäuferin: Haben Sie noch einen Wunsch?

Kunde: Nein, danke, das ist alles.

3.

Verkäuferin: Was darf es sein?

Kundin: Ich hätte gern 200 g Gehacktes.

Verkäuferin: Darf es ein bisschen mehr sein?

Kundin: Ja, lassen Sie es so.

Verkäuferin: Rinderrouladen sind heute im Angebot. Das Kilo nur 6 Euro.

Kundin: Dann geben Sie mir doch bitte noch vier Rouladen.

4.

Verkäufer: Bananen, 1 Euro das Kilo. Frische Tomaten …
Na, was darf's denn sein, mein Herr?

Kunde: Ein Pfund Möhren, ein Kilo Äpfel und eine Ananas.

Verkäufer: Sonst noch etwas?

Kunde: Nein, danke, das ist alles.

5.

Verkäuferin: Sie wünschen?

Kundin: Bitte sechs Brötchen.

Verkäuferin: Außerdem?

Kundin: Noch zwei Stück Kirschkuchen und zwei Stück Käsekuchen, bitte.

6.

Verkäuferin: Ein Kasten Mineralwasser, drei Flaschen Apfelsaft und zwei Flaschen Wein. Ist das alles?

Kunde: Ja, danke.

E 5

Mann: Wir möchten gern bezahlen.

Kellner: Geht das getrennt oder zusammen?

Mann: Zusammen, bitte.

Kellner: Also, die Suppe 2 Euro 80, die Lammkoteletts 13 Euro 50, die Forelle 15 Euro 20,
zwei Bier 5 Euro 50, ein Wein 3 Euro und das Wasser 2 Euro. Das macht dann 42 Euro.

Mann: Machen Sie 45 bitte.

Kellner: Vielen Dank.

klar 3

1. Die Bananen heute nur 1,50 €!
2. Das macht 6,33 € bitte.
3. Zusammen sind das … Moment … 22,40 €, bitte.
4. Beachten Sie unser Angebot. 100 g Kochschinken nur 1,99 €.
5. + Was kostet das Brot da links? – 2,99 €.
6. + 84,44 € bitte. – Oh, das ist aber viel. Stimmt das auch? + Ja, 84 € und 44 Cent.
7. + Was macht das? – 3,60 €.
8. Ein Kombikasten Coca Cola, Sprite und Fanta. Sechsmal 1,5 Liter für nur 8,50 €.
9. Erdbeeren, frische Erdbeeren. Das Kilo für nur 2 €!

Lektion
6 Gute Besserung!

A1 5

Frau: Wie geht es dir?

Mann: Nicht gut, ich fühle mich schlecht.

Frau: Was hast du?

Mann: Ich habe Kopfschmerzen. Mein Hals tut auch weh.

Frau: Du bist ganz heiß. Du hast bestimmt Fieber. Geh doch zum Arzt.

Mann: Oh nein. Es geht mir schon besser!

Frau: Dann bist du auch nicht krank!

C2 3 b)

– Frau Marks ist beim Bäcker.

– Herr Marks ist beim Arzt.

– Michael ist beim Fußball.

– Tamara ist beim Friseur.

– Frau Yildirim ist beim Gemüsehändler.

Bildquellen

AKG: © Pirozzi, S. 88 – © ARD Aktuell, Tagesschau-Bildarchiv/Dokumentation, S. 56 (e) – © Cornelsen, Chipps, S. 52 (5); Corel Library, S. 9 (2, 3, 4), S. 14 (unten), S. 17 (oben rechts, unten links), S. 19 (oben), S. 22, S. 26 (rechts, links oben, links Mitte), S. 36, S. 41 (oben: 2. von links, 1. von rechts, unten: 2. von rechts), S. 44, S. 52 (9); Homberg, S. 14 (a, b, e, g, i), S. 17 (unten rechts), S. 18 (oben Mitte, oben rechts), S. 26 (Mitte), S. 29 (links), S. 40, S. 74 (Mitte links, Mitte rechts), S. 90 (1. Reihe: links); Kämpf, S. 17 (oben Mitte), S. 39 (links); Lücking, S. 56 (a), S. 74 (unten); Perregaard, S. 11 (b, c); Rohrmann, S. 39 (Mitte, rechts); Schulz, S. 9 (6), S. 10, S. 12, S. 13, S. 14 (c), S. 18 (unten), S. 23, S. 25, S. 27, S. 29 (rechts), S. 32, S. 35, S. 41 (unten: 1., 2. von links), S. 45, S. 52 (3, 6), S. 56 (b, d), S. 61, S. 66, S. 68, S. 69, S. 73, S. 74 (oben links, oben Mitte), S. 79, S. 82 (e), S. 90 (1. Reihe: rechts, 2., 3. Reihe), S. 91 – © dpa, S. 47 (rechts), S. 62 (c) – Das Fotoarchiv: © Christoph, S. 52 (8) – IFA-Bilderteam: © Waldenfels, S. 74 (oben rechts) – Image Bank: © Barto, S. 9 (5); © de Lossy, S. 11 (a); © Mareschal, S. 75 (2. Reihe: 1. von links) – Helga Lade: © Binder, S. 52 (7); © CW Fotodesign, S. 75 (1. Reihe: rechts) – Mauritius: © AGE, S. 9 (1); © Habel, S. 75 (3. Reihe: 2. von rechts); © Poehlmann, S. 75 (2. Reihe: 2. von rechts) – Okapia: © Dr. Heinz Orbach, S. 83 – © Partner für Berlin, FTB-Werbefotografie/Fritsch, S. 62 (e) – Plus 49/Visum: © Greenfield, S. 41 (oben: 2. von rechts) – © Premium/Pictor, S. 41 (oben: 1. von links) – © Presse- und Informationsamt des Landes Berlin/G. Schneider, S. 17 (oben links) – Schuster: © Genson, S. 52 (1) – StockFood: © Eising, S. 75 (3. Reihe: 1. von links); © Hans, S. 75 (2. Reihe: 2. von links); © Newedel, S. 75 (2. Reihe: 1. von rechts, 3. Reihe: 1. von rechts); © Schieren, S. 75 (1. Reihe: Mitte); © Westermann, S. 75 (3. Reihe: 2. von links); © Wondrasch, S. 75 (1. Reihe: links) – Superbild: © B.S.I.P., S. 62 (d) – © Teubner Foodfoto, S. 42 – Ullstein: © AP, S. 19 (unten); © Breuel-Bild, S. 52 (4); © Caro/Meyerbroeke, S. 52 (2); © Lehmann, S. 47 (links); © Minehan, S. 14 (d), S. 62 (a); © Peters, S. 62 (b, f); © Rust, S. 14 (h); © Vario-Press, S. 14 (f); © Weychardt, S. 18 (oben links).

Nicht alle Copyrightinhaber konnten ermittelt werden; deren Urheberrechte werden hiermit vorsorglich und ausdrücklich anerkannt.